MANUAL DE ECONOMIA APLICADA

AURELIO GARCIA DEL BARRIO ZAFRA, PhD

Gracias a mi mujer Ana, a mis hijos Laura, Jaime y Almudena, y a mis padres por su constante apoyo.

INDICE

CAPITULO 1: Concepto de Economía

1.1 ¿Qué es la economía?

La economía moderna nace en 1776, cuando Adam Smith escribe "La Riqueza de las Naciones".

La función última de la economía tendrá como base unas necesidades. Hay que usar unos bienes escasos para satisfacer necesidades, y por eso la cantidad de producción, la forma, son diferentes porque las necesidades son diferentes.

Necesidad es la sensación de carencia de algo y el deseo de satisfacer esa carencia. No es lo mismo tener que satisfacer algo el Estado que un individuo, así que se da una clasificación de las necesidades:

- En función de dónde surgen:
    1) Del individuo
        1.1) Naturales: Comer, respirar...
        1.2) Sociales: Celebrar un cumpleaños...
    2) De la sociedad:
        2.1) Colectivas: Parten del individuo, pero las tienen muchos individuos (como los transportes
            urbanos).
        2.2) Públicas: Surgen de la sociedad (como el orden público).

- Según su naturaleza:
    1) Primarias: Comer, vestir, vivienda...
    2) Secundarias: Varían con el tiempo (y la moda).

Tendremos el problema de poner los límites a estos conceptos, ya que son muy subjetivos y no se pueden acotar con exactitud.

Con el fin de satisfacer las necesidades, los individuos realizan **actividades productivas**, esto es, transforman bienes productivos y obtienen otra serie de bienes o servicios.

Bien o servicio es cualquier cosa capaz de satisfacer una necesidad. La diferencia de un bien y un servicio es que un bien se puede decir que es algo material, mientras que un servicio es algo, una actividad, no "tan tangible". Los bienes en economía no son todos iguales, ya que distintos bienes satisfacen distintas necesidades. Es por eso que las producciones de bienes varían el tipo de bien. Veamos una clasificación de los bienes:

- Según su carácter:
    1) Libres: Son "ilimitados", y no hay que pagar por usarlos. De éstos quedan pocos.
    2) Económicos: Hay una cantidad inferior a lo que se necesita, y hay que pagar por ellos.
        Puesto que son   recursos escasos surge la elección.

- Según su naturaleza:
    1) De capital: No satisfacen ninguna necesidad final de forma directa. Pueden ser un
        robot soldador, una   prensa hidráulica... Son bienes productivos que sirven para

producir. De nuevo nos encontramos   con el factor de la relatividad, puesto que, por ejemplo, un martillo puede ser un bien de consumo para una persona cualquiera, pero será de capital para un carpintero.
2) <u>De consumo</u>: Son aquellos que satisfacen necesidades finales.
      2.1) <u>Duraderos</u>: No se consumen de forma inmediata.
      2.2) <u>No duraderos</u>

- Según su función:
    1) <u>Intermedios</u>: Para ser consumidos hay que transformarlos primero.
    2) <u>Finales</u>: Satisfacen directamente una necesidad. Aquí también tenemos subjetividad, ya que según quién tenga un bien, puede considerarlo como intermedio o como final.

    Economía es la ciencia que estudia la manera en que la sociedad utiliza recursos escasos para producir mercancías valiosas y distribuirlas entre los diferentes individuos. La economía también se puede dividir:
1) <u>Microeconomía</u>: Analiza el comportamiento de los agentes económicos (personas, empresas, familias...) a la hora de comprar.
2) <u>Macroeconomía</u>: Estudia el comportamiento de la economía en su conjunto. Es un concepto abstracto: "conjunto" es relativo (país, ciudad...).
3) <u>Mesoeconomía</u>: Estudia las interrelaciones a nivel mundial

    Las principales funciones de la economía son:
- Intenta comprender por qué pasan las cosas (analizar y explicar hechos). Esto es la <u>economía positiva</u>.
- La <u>economía normativa</u>, donde ya entran las ideologías, introduce juicios de valor, que no son hechos constatados que se describen.

1.2 Objetivos de la Economía

    El objetivo último es diseñar políticas económicas que minimicen los problemas de la sociedad. Por ejemplo:
- Desempleo
- Estabilidad de precios
- Eficiencia: obtener el máximo rendimiento
- Distribución
- Crecimiento económico

En economía se intenta llegar a una cierta estabilidad o equilibrio.

1.3 Necesidades, escasez de recursos y elección

Ley de la escasez

Los bienes y servicios siempre son escasos en relación a las necesidades. Los recursos son limitados y las necesidades "infinitas" (la aparición de necesidades es continua).

Problemas de la organización económica

- Qué bienes hay que producir, en qué cantidad y con qué calidad.
- Cómo se produce.
- Para quién se produce.

Para todo ello habrá que elegir entre los **factores productivos**, que son todos los recursos, mercancías, servicios... que utilizan las empresas en el proceso productivo. Hay distintos factores productivos:

1) <u>Tierra</u>: Son aquellos productos que provienen de la tierra, como los de la agricultura, los minerales, ganadería... es decir, los recursos naturales.
   1.1) Recursos renovables
   1.2) Recursos no renovables

2) <u>Trabajo</u>: Es el tiempo que se dedica a la producción. Es el factor más importante de todas las economías. El mismo tiempo puede producir cantidades distintas en distintas ocasiones o lugares.

3) <u>Capital</u>: Son los bienes producidos que sirven para producir. Hay que distinguir entre capital físico (son los propiamente dichos bienes productivos que sirven para producir) y el capital financiero (es el dinero de que se dispone).

La **iniciativa empresarial** consiste en saber adecuar los factores para producir. Suele depender de condiciones sociales, culturales, religiosas... (recuérdense los judíos, los fenicios...).

La Frontera de Posibilidades de Producción (FPP)

Esta curva representa lo que una economía es capaz de producir como máximo, con los recursos disponibles.

Vamos a ver un ejemplo en el que simplificamos a un caso en el que tenemos tierra para producir, y trigo y algodón como productos. La producción se puede hacer de las siguientes maneras:

Opción	Trigo	Algodón	Renuncia	(respecto a la opción
A	0	20		anterior de algodón)
B	1	19	1	
C	2	17	2	
D	3	13	4	
E	4	8	5	
F	5	0	8	

El resultado de esto dará la siguiente gráfica:

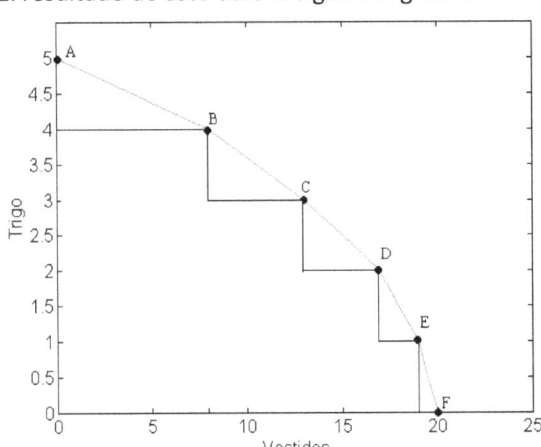

Para maximizar la eficiencia de producción, la economía debería estar sobre la curva. Para aumentar la producción de un bien, como vemos, hay que renunciar a la producción de otro bien. Al elegir aparece el **coste de oportunidad**, que es la opción a la que se renuncia para producir un bien. En el ejemplo, el coste de oportunidad de 8 unidades de algodón es una unidad de trigo.

El coste de oportunidad no tendrá por qué ser bienes materiales.

Todo no sirve para producir todo: son recursos especializados.

Eficiencia: una economía produce de forma eficiente cuando no puede aumentar la producción de un bien sin reducir la producción de otro bien.

En la gráfica, se estaría produciendo de forma eficiente si se estuviera sobre la curva de la frontera. Si se está en una situación ineficiente, se estaría en algún punto bajo la curva, y en esa situación no se está produciendo todo lo que se puede. Se puede aumentar la producción de bienes sin reducir la de otros, si, y sólo si, existen bienes ociosos, esto es, no utilizados.

Los puntos sobre la curva no son posibles, puesto que no se puede producir más de lo que son capaces de producir los bienes disponibles.

Lo que se pretende es mover la frontera hacia la derecha y hacia arriba. Para ello, la capacidad productiva de una economía debe crecer, y eso se consigue con:

- Mejoras tecnológicas
- Reducción de despilfarros
- Aumento de la población
- Inversión en bienes de capital

Etc.

Retomando el ejemplo del trigo y el algodón, si una mejora aumenta el rendimiento de ambos productos se generará una curva paralela a la original, como se puede ver en la siguiente figura, la de la izquierda. En cambio, si sólo se producen mejoras que contribuyan a la producción de algodón, la curva no crecerá hacia arriba, y sí hacia la derecha. Esto se muestra en la figura de debajo a la derecha:

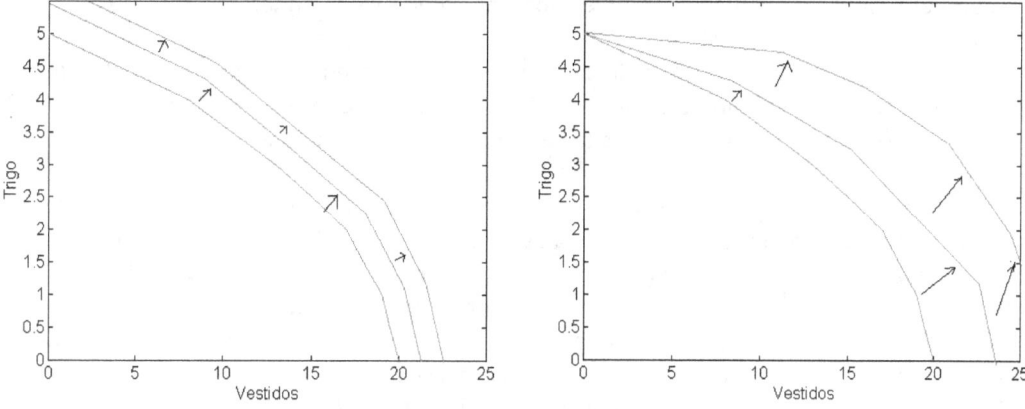

El ahorro por el ahorro no sirve de nada, pero un ahorro en forma de inversión sí que produce. Se puede sustituir el consumo inmediato por una inversión para consumir más en el futuro.

Se plantea el siguiente caso hipotético:

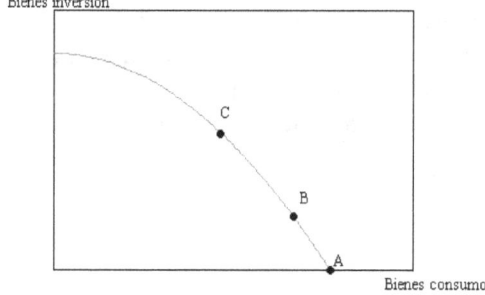

Para seguir teniendo la misma capacidad productiva hay que invertir en la reposición de lo que queda obsoleto. Esto significa que hay que invertir parte del capital. Por eso, B y C pueden incrementar el consumo de bienes.

1.4 La especialización y el intercambio: la ventaja relativa

Para determinar el mejor punto de producción, todas las economías recurren a la especialización y al intercambio. Un individuo aislado no puede producir todo lo que necesita. Por eso se tiende cada vez más a la especialización en determinados productos y al intercambio del excedente. Pero, lógicamente, es necesario un excedente, y la especialización contribuye a que exista ese excedente, y también a deficiencias en otros bienes. Es necesaria una máxima especialización, pero también una eficiencia de la sociedad: no vale un individuo muy especializado si no hay nadie que contribuya a continuar su labor (¿De qué sirve el mejor aprieta-tornillos en una cadena de montaje de coches si no hay ningún otro que empiece y acabe el coche con la misma especialización?).

El primer intercambio fue el trueque, base de muchas economías, incluso actuales. Con esto aparecen problemas, como la medida de los bienes, la partición de los bienes... Algunos de ellos se resolvieron con la aparición del dinero, aunque la economía del trueque sigue existiendo. **Dinero** es cualquier forma de pago generalmente aceptado (sea moneda de curso legal, sellos...). Al aparecer el dinero, la función de los individuos queda fijada: comprador y vendedor, oferente y demandante. También aparecen oferta y demanda.

La especialización permite el intercambio, y el intercambio sólo es posible con la aparición del dinero. La pregunta ahora es: ¿Qué determina la especialización de cada uno? Para responderlo veremos el **principio de la ventaja comparativa (o relativa)**.

El **principio de la ventaja absoluta** dice que una economía tiene ventaja absoluta sobre otra economía en la producción de un bien, si es capaz de producirlo con menos recursos que la otra economía. Por ejemplo: un abogado es capaz de plantar 20 flores en 1 hora, y la media de un jardinero es 10 flores en 1 hora. El abogado cobra (como abogado) 10000 ptas./hora, y un jardinero 2000 ptas./hora. El abogado tiene ventaja absoluta en ambas cosas, pero no se puede especializar en ambas. Obviamente, el abogado se especializa en ser abogado.
Por lo tanto, la ventaja absoluta no es adecuada para la especialización.

Por el **principio de ventaja relativa (o comparativa)**, nos deberemos especializar en aquello en que somos relativamente mejores, es decir, con lo que sacamos más provecho.

Las **economías de escala crecientes** se producen cuando al incrementar en un determinado factor los recursos destinados a producir un determinado bien, la producción de ese bien crece más que los recursos destinados a producir ese bien. En determinados sectores hay economías de escala (por ejemplo, fábricas de aviones: si se pone una para aumentar la fabricación, ésta crecerá más que lo proporcional a esa fábrica), mientras que en otros no tiene sentido (por ejemplo, cafeterías: si aparece una más, no se notará mucho más en el consumo de café).

CAPITULO 2: La oferta, la demanda y el mercado

2.1. El mecanismo del mercado

Cualquier sistema de producción, debido a la especialización, necesita intercambiar bienes y servicios con otras economías. El intercambio se produce en el mercado.

Mercado es cualquier institución social en la que se intercambian bienes y servicios, incluidos los factores productivos. Es una "institución social" porque puede ser un lugar físico, o un mercado electrónico, o el mercado inmobiliario, que no son lugares físicos. Por tanto, "mercado" es algo etéreo en economía.

El mercado suele tener intercambio indirecto (a través de dinero): se da dinero a cambio de algo, y los que reciben el dinero lo invierten.

Hay que prestar especial atención a los términos: hay demandantes, que son los que compran, y oferentes (no "ofertantes"), que son los que venden.

El **precio** de un bien es su relación de cambio por dinero, esto es, el número de unidades monetarias que hay que entregar a cambio del bien. El precio de los bienes "suele" reflejar la escasez de esos bienes. Esa escasez se mide con relación a la demanda que hay de cada bien. Es decir, que el precio transmite una información: si un producto es escaso, su precio sube; llegado a un punto, se buscan alternativas, y se incita a consumir menos ese producto.
El precio depende de la oferta y la demanda.

La demanda

En principio supondremos que no hay nada que afecte a la oferta ni a la demanda, sino que varían libremente. También supondremos que las decisiones de un comprador no influyen en las de otro comprador, y lo mismo para los productores/vendedores. Todo esto se denomina mercado perfecto, el que es totalmente libre, sin influencias.

Demanda es la cantidad de un bien o servicio que una economía doméstica, o empresa, decide comprar a un determinado precio. Ese "decide" significa que no es lo que gustaría tener, sino lo que se va a comprar (a muchos les gustaría tener un yate, pero si tuvieran el dinero, muy pocos de ellos se lo comprarían). Esto está condicionado por los gustos, los precios, etc.

Pero no se pueden analizar todos los factores que intervienen en una decisión de compra, así que consideraremos sólo los factores fijos (no cambiantes), y miraremos el precio del bien como único elemento variable. Esta situación se llama "ceteris paribus" (esto significa "el resto inalterado"). Así ya podemos plantear la tabla de demanda para un individuo.

La **tabla de demanda** es la relación entre el precio de un bien y la cantidad demandada de ese bien.

Veamos un ejemplo en el que el bien en cuestión son bombones:

Precio	Cantidad	Q_n
500	0	1
300	10	3
200	20	4
150	30	8
100	60	13
75	90	20
50	150	30

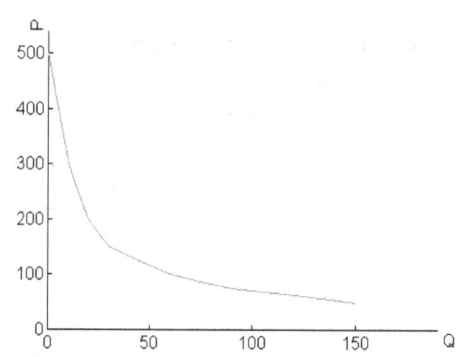

Esta que se ve a la derecha es la **curva de demanda**. Siempre se representa la cantidad (Q) en abcisas, y precio (P o Y) en ordenadas.

La **ley de la demanda** nos dice que siempre hay una relación inversa entre precio y cantidad demandada. No se conoce ningún bien que no cumpla la ley de la demanda. La única excepción podría estar en los **bienes giffen**, que son aquellos cuya demanda aumenta cuando sube su precio, es decir, no cumplen la ley de la demanda. Consideraremos que la curva de demanda tiene siempre pendiente negativa. Esta curva de demanda será muchas veces una recta.

Cuando tenemos en cuenta el consumo de todos los individuos hablamos del <u>mercado de los bombones</u> (lo que se ha representado como Q_n).

2.2. La oferta

Oferta es la cantidad de un bien o servicio que a una empresa le gustaría vender a un determinado precio. Hay muchos condicionantes sobre la empresa que determinan lo que va a vender.

Consideraremos que todos los factores que afectan a una empresa permanecen constantes, y sólo existe una relación cantidad-precio.

Volviendo al ejemplo de los bombones:

Precio	Cantidad	Q_n
500	100000	82
300	95000	80
200	85000	70
150	70000	59
125	50000	47
100	25000	34
75	0	20
50	0	0

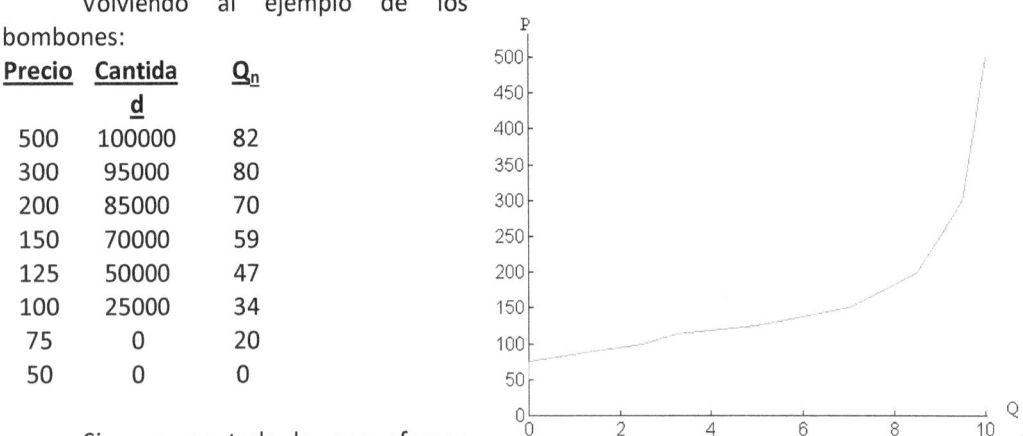

Si se suma todo lo que ofrecen todas las empresas y todos los precios, tendremos la oferta de mercado (lo que aparece como Q_n).

La **ley de la oferta** nos dice que precios y cantidades varían siempre en la misma dirección (si uno sube, el otro también, y viceversa).

La oferta y la demanda determinan <u>el equilibrio del mercado</u>. Este equilibrio se determina por el corte de las curvas de oferta y demanda.

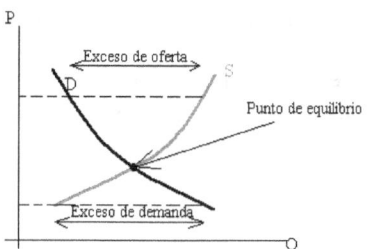

En el punto de equilibrio de mercado, los planes de los consumidores coinciden con los planes de los productores. Ahí se tiene el precio de equilibrio y la cantidad de equilibrio. Y es de equilibrio porque no hay ningún incentivo para que ninguna de las partes cambie de planes.

Se puede producir un exceso de oferta porque los precios suban, con lo que las ventas bajan, así que se vuelven a bajar los precios porque existe un stock que hay que vender. Por eso siempre se vuelve a una situación de equilibrio.

Veamos ahora qué ocurre si se alteran otros factores además del precio:

2.4. El equilibrio del mercado

Precios máximos y mínimos

Supongamos que para un determinado producto se fija un precio máximo $P^* < Pe$:

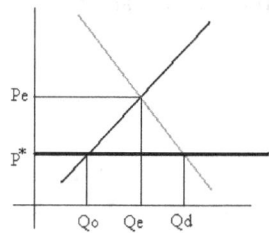

Con esto aparecerá un exceso de demanda $Q_d - Qo$. Pero con esta situación en la que no se deja actuar libremente al mercado, no se podrá volver a la situación de equilibrio (por motivos legales). Entonces habrá que repartir, pero esto ¿cómo se hace?

- Se puede ser el primer en reclamar ese bien (surgen las colas)
- Emplear cartillas de racionamiento, como sucede en la guerra
- Limitar el número de unidades que se pueden adquirir (como en las ofertas de los supermercados)
- etc.

En esta situación puede aparecer el <u>mercado negro</u>, que se sale de la ley y aprovecha de la situación. Consiste en un mercado en el que un bien escasea, y se hace con él quien infringe la ley, para venderlo a un mayor precio a quien quiera comprarlo a ese precio superior.

Los controles de precios son poco habituales. A veces, intentando ayudar a los consumidores, se pueden dar efectos negativos (menor cantidad, surge mercado negro y se tiene que pagar más...).

Si lo que se hace es fijar un precio mínimo, mayor que el precio de equilibrio:

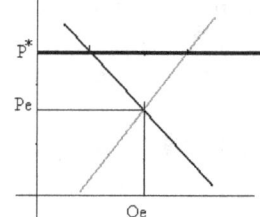

Así lo que ocurre es que aparece un exceso de oferta, y se puede dar lugar a que aparezca el contrabando. Esto se produce en lugares donde no hay posibilidad de ir a comprar a otro sitio.

Una cuestión interesante es plantearse todo esto desde el punto de vista laboral: los salarios sustituyen a los precios; los trabajadores a la cantidad; las empresas demandan trabajadores a cambio de un precio (salario).

El fijar un salario mínimo, ¿genera o no desempleo?

2.5. Desplazamiento de las curvas de oferta y demanda

Desplazamiento de las curvas de demanda

Además del precio, hay otros factores que condicionan la compra de un producto:
- Gustos
- Precio de los bienes relacionados
- Renta, esto es, disponibilidad de gasto. Se representa por Y
- Expectativas, que representaremos por T.

Esto se puede expresar como: $Q_d^n = D(P_n; P_1....P_n; Y; T)$. Pasemos a ver todos estos factores:

Lo normal es que con mayor renta, con el precio vigente, se compre (esto es, demande) más. Por lo tanto, la curva de demanda se desplaza hacia la derecha.

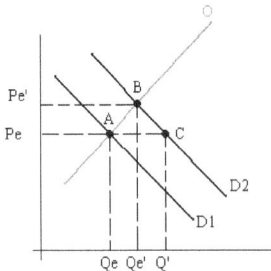

Al aumentar la renta, aumentará la demanda, por lo que se producirá un exceso de demanda. A corto o medio plazo, esto llevará a una nueva situación de equilibrio, con precios más altos y una mayor cantidad intercambiada en ese mercado.

Pasamos de A a B.

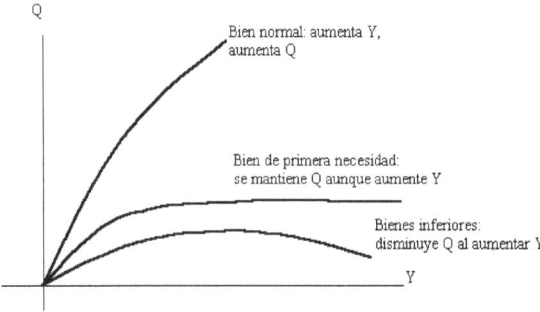

Pero llegados a este punto, se puede encontrar una excepción: los bienes de primera necesidad, que son aquellos que cuando su necesidad está cubierta, por mucho que aumente la renta, no aumenta su consumo. Y se puede encontrar una excepción aún más extrema: los bienes de línea blanca, o bienes inferiores, que son aquellos que se consumen menos por considerarse de menor calidad por tener una determinada marca. Su consumo disminuye al aumentar la renta.

Aquí hay que volver a tener en cuenta la subjetividad, ya que todo depende de quién consuma cada artículo. Por ejemplo, si una persona A tiene una renta muy baja, lo que para otra son bienes inferiores, para A puede ser un bien normal, puesto que puede no tener las necesidades cubiertas.

Por ejemplo, cuando mejoran las necesidades de crédito, aumenta (relativamente) la capacidad de demanda de la sociedad.

Aquí podemos hacer otra definición de bienes:

- Complementarios: Dos bienes son complementarios si al aumentar el precio de uno de ellos, disminuye la cantidad demandada del otro. Un ejemplo de esto sería si sube la gasolina: puede que la gente compre menos coches.
- Bienes sustitutivos: Dos bienes son sustitutivos cuando al aumentar el precio de uno de ellos, aumenta la demanda del otro, y viceversa. Un bien puede satisfacer las necesidades creadas por el otro en un porcentaje muy alto.

Lo normal es que cambien las modas y los gustos, y desaparezcan las necesidades de consumir determinados productos. Cuando esto ocurre, se reduce la demanda de ese producto, y se reduce también el precio. La publicidad entra ahí para modificar los gustos de la gente.

En cuanto a las expectativas, las variaciones en la población condicionan la demanda a medio y largo plazo. Es muy conveniente saber cómo va a evolucionar la población para hacer planes de producción y consumo. Las expectativas en la población muchas veces determinan el aumento o disminución de la demanda de los precios: si se demanda un producto exageradamente, acabará por subir su precio, y todo ello por expectativas.

Lo que resume todo esto es la frase de un economista: *"Si la gente cree que la vuelta de las golondrinas hará bajar la bolsa, la bolsa bajará"*.

Un paso de A a B es un aumento de la demanda, y un paso de A a C es un aumento de la cantidad demandada.

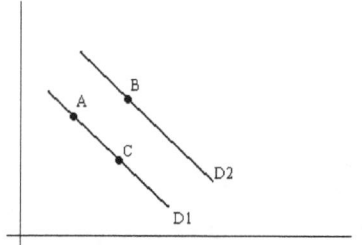

Desplazamiento de las curvas de la oferta

La variación de la oferta depende de:
- Tecnología: hace variar la capacidad de producción
- Precios de productos relacionados
- Precio de los factores productivos

- Tiempo (esto es cuestiones naturales, como para una cosecha)
- Expectativas

Vamos a ver un poco cómo afecta todo esto:

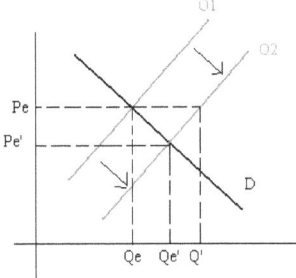

Si para un determinado producto disminuyen sus factores productivos, están también disminuyendo costes de producción, así que puede que aparezcan personas dispuestas a producir porque pueden cubrir costes que antes no cubrían. Así habrá una mayor cantidad de producto en el mercado, al mismo precio, así que la curva de oferta se desplaza hacia la derecha. Por ello, en el mercado tenderán a bajar los precios.

En cuanto a los precios de los bienes relacionados, si A y B son cereales, si A sube de precio, en general se tenderá a producir A, que es más caro. Pero a la larga su coste tenderá a bajar porque hay exceso de oferta.

La tecnología permite producir más con menos costes, y los precios tienden a bajar para la misma demanda.

El tiempo en forma de mal clima, provoca malas cosechas, que repercuten el mercado provocando subida de los precios y caída de la cantidad consumida.

Y las expectativas afectan en la misma medida que para la demanda.

Aquí tampoco hay que confundir la variación de la cantidad ofrecida (nos movemos en la misma curva) con la variación de la oferta por cualquiera de los anteriores factores (cambiamos de curva).

2.6 La demanda y el concepto de elasticidad

Elasticidad precio de la demanda

El comportamiento respecto al consumo de un bien depende de la forma que tenga la curva de demanda. Por ejemplo, la curva de demanda del pan tendrá una pendiente muy pronunciada, puesto que grandes variaciones en el precio del pan harán variar poco la cantidad demandada. Mientras que la curva de demanda de diamantes tendrá poca pendiente, puesto que ocurre lo contrario.

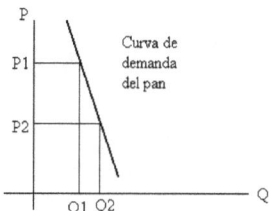

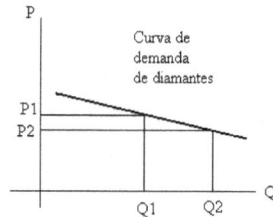

La **elasticidad precio de la demanda** mide el grado en que la cantidad demandada responde a las variaciones en el precio del mercado. En general, la curva de demanda no tendrá forma de recta, sino de curva genérica, ya que una recta es una medida bastante pobre. Matemáticamente se mide:

$$E_p^d = \frac{\text{Variación porcentual de la cantidad demandada}}{\text{Variación porcentual del precio}} = -\frac{\dfrac{\Delta Q}{Q}}{\dfrac{\Delta P}{P}}$$

Como se ve por la definición matemática, estaremos hablando de una elasticidad precio positiva. Por ejemplo, si la demanda crece un 8% y los precios se reducen en un 2%, $E_p = 4$.

Ejemplo

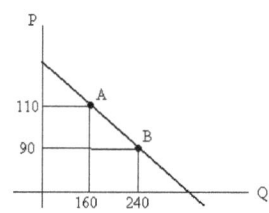

Al pasar de A a B, la elasticidad precio es

$$E_p^d = -\frac{\dfrac{-80}{240}}{\dfrac{20}{90}}$$

Al hablar de unidades porcentuales se elimina el problema de las unidades de medida. Éstas no afectan a la elasticidad-precio. No obstante, la apariencia de un gráfico puede dar una u otra forma a un gráfico:

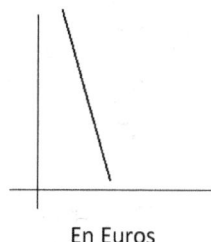

En Euros

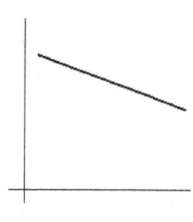

En miles de Euros

Ambos gráficos están representando la demanda del mismo producto, y sin embargo parecen completamente diferentes.

El problema que surge con todo esto es dónde se ponen las cantidades de referencia P y Q totales para medir los incrementos. algunos autores emplean el punto medio, pero nosotros consideraremos los valores iniciales.

La elasticidad de la demanda nos va a permitir establecer cinco clasificaciones de la demanda:

- Demanda elástica: Su elasticidad es mayor que la unidad. Esto querrá decir que una variación del precio hará variar en mayor medida la cantidad demandada.
- Demanda de la elasticidad unitaria: Su elasticidad es igual a la unidad.
- Demanda inelástica: Su elasticidad precio es menor que la unidad.
- Demanda perfectamente inelástica: Variaciones del precio no producen variaciones en la cantidad demandada. Tiene una gráfica como ésta:

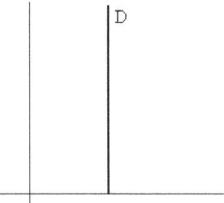

Un ejemplo aproximado de este tipo de demanda es la de las medicinas o las drogas.
- Demanda perfectamente elástica: Su elasticidad precio es infinita, es decir, una mínimas variación del precio hace tender la demanda a cero. Tiene una curva de demanda así:

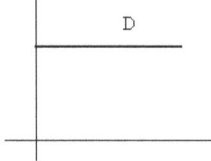

La mayoría de los productos básicos y alimenticios suelen tener demanda inelástica (por ejemplo, si baja el café a la mitad, lo más probable es que su demanda no aumente el doble). Sin embargo, en países industrializados, si cuesta la mitad un microondas, posiblemente se demanden el doble de ellos.

Hay que tener cuidado con el concepto de elasticidad, puesto que **elasticidad no es lo mismo que pendiente**. Para ver esto, supongamos la siguiente recta de demanda:

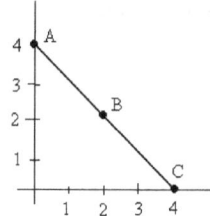

La pendiente de esta recta es en todos sus puntos uno. Sin embargo, la elasticidad en el punto A es infinita, en el punto B (punto medio) es igual a la unidad, mientras que en el punto C es nula. Como se puede ver, la pendiente de una recta y su elasticidad no tienen por qué coincidir, puesto que la elasticidad depende de la pendiente de la recta (o curva) y de los incrementos que tomemos, así como de los valores iniciales de los incrementos.

Hay alguna regla práctica para conocer la elasticidad precio de demanda de un determinado bien. Dada una recta de demanda, pon encima de su punto medio la demanda es elástica, y por debajo del punto medio la demanda es inelástica. En el punto medio, la elasticidad es unitaria. La regla para calcular la elasticidad precio es:

$$E_p^d = \frac{\text{longitud del segmento por debajo del punto de estudio}}{\text{longitud del segmento por encima del punto de estudio}}$$

Si lo que tenemos es una curva de demanda, y no de una recta, trazamos la tangente a la curva por el punto de estudio, y aplicamos la regla anterior a la recta tangente.

La elasticidad de un producto depende de varios factores:
- Del tipo de necesidades que satisface ese bien: los de primera necesidad son inelásticos. Con los bienes de lujo ocurre lo contrario: si sube el precio un poco, se consumirá mucho menos, y al revés. Por lo tanto, serán elásticos.
- Que haya o no bienes sustitutivos. Si no tienen, serán inelásticos, y si hay sustitutivos serán elásticos.
- El peso que tenga el bien dentro del presupuesto global. Por ejemplo, es bastante inelástica una goma de borrar, que se compra muy de vez en cuando. Y lo que se compra cada día es bastante elástico (carne, gasolina...).
- Tiempo transcurrido: cuanto mayor es el tiempo de estudio considerado, mayor es la elasticidad. Por ejemplo, si sube la gasolina de hoy para mañana no hay apenas cambios (inelástico), pero sí los hay pasados unos meses o años (elásticos).

Elasticidad cruzada de la demanda

Esta medida surge porque necesitamos tener una medida de cuánto varían los precios de un bien al variar los del otro. La elasticidad cruzada de un bien i con respecto a uno j se define como:

$$E_{\text{cruzada } i \text{ respecto } j} = \frac{\text{Variación porcentual de la cantidad demandada de i}}{\text{Variación porcentual del precio de j}} = \frac{\dfrac{\Delta Q_i}{Q_i}}{\dfrac{\Delta P_j}{P_j}}$$

Hay que hacer notar que esta cantidad sí que puede ser positiva o negativa. Si es positiva, la demanda de i crece cuando aumenta el precio de j (sucede con los bienes sustitutivos); y si es negativa, la demanda de i decrece cuando aumenta el precio de j (bienes complementarios).

Elasticidad renta de la demanda

La demanda de un bien depende de la renta de los consumidores. Por lo tanto será conveniente comparar la demanda del bien i respecto a la renta. De ahí surge el concepto de elasticidad renta de la demanda, que se define como:

$$E_{renta} = \frac{\text{Variaciones porcentuales de la cantidad demandada}}{\text{Variaciones porcentuales de la renta}} = \frac{\dfrac{\Delta Q_i}{Q_i}}{\dfrac{\Delta Y}{Y}}$$

Veamos las diferentes posibilidades de interpretación que hay de este parámetro:

- Si $E_{renta} > 0$, quiere decir que si la renta aumenta, también aumenta la cantidad demandada (es un bien normal). Dentro de este caso, hay dos variantes:
    a) $E_{renta} > 1$, y estaremos hablando de bienes de lujo
    b) $E_{renta} < 1$, y estaremos hablando de bienes de primera necesidad.

- Si $E_{renta} < 0$, quiere decir que cuando aumenta la renta, disminuye la cantidad demandada (bienes inferiores).

Sucede (o suele suceder) que a medida que crece la renta, también aumenta el peso de los bienes de lujo en la economía familiar.

2.7. La elasticidad de la oferta

Se define la **elasticidad de la oferta** como la sensibilidad de la cantidad ofrecida ante variaciones de los precios. Una definición más precisa es:

$$E_p^o = \frac{\text{Variación porcentual de la cantidad ofrecida}}{\text{Variación porcentual del precio}} = -\frac{\dfrac{\Delta Q}{Q}}{\dfrac{\Delta P}{P}}$$

Aquí también podemos hacer una clasificación similar de la oferta según su elasticidad: oferta inelástica, de elasticidad unitaria, y elástica. Y además tenemos los casos extremos:

- <u>Oferta totalmente inelástica:</u>

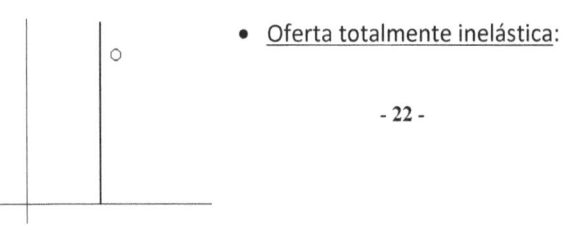

Esto lo cumplen, por ejemplo, los productos frescos. La cantidad de que se dispone es finita, y sólo se puede ofrecer lo que hay, y no más. Lo que hay que ver es el precio, ya que en casos como este, en determinadas fechas, se produce una subida de precios (como sucede, por ejemplo, con el marisco en Navidad). La cantidad ofrecida es la misma, pero se aprovecha para subir el precio porque la cantidad demandada sube.

- Oferta totalmente elástica:

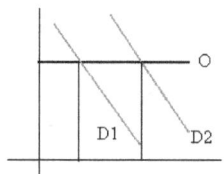

En este caso se cumple que la elasticidad precio de la oferta es infinita, lo que quiere decir que una mínima disminución del precio hace la oferta nula; y cualquier mínimo aumento del precio hace la oferta infinita. Es la propia demanda la que fija la cantidad ofrecida.

2.8. La importancia de la elasticidad: aplicaciones

La elasticidad de la demanda y el ingreso total

No siempre una bajada de los precios en la curva de demanda quiere decir que los ingresos totales disminuyan.

No importa tanto la cantidad vendida como aumentar al máximo los ingresos totales.

Una bajada de los precios reducirá los ingresos, y esta reducción estará compensada si esta bajada supone un aumento de la cantidad vendida de mayor cuantía proporcional. Para que una bajada de los precios suponga un aumento de los ingresos (esto mejor explicado es: para que un aumento porcentual negativo de los precios suponga un aumento porcentual positivo de la cantidad demandada de mayor cuantía), la elasticidad precio de la demanda debe ser mayor que 1.

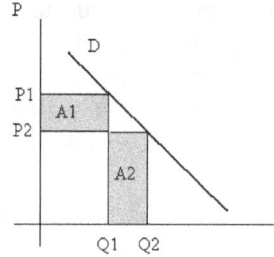

Para que esta disminución de los precios compense, se tiene que cumplir que el área A2 sea mayor que el A1.

Si la elasticidad es menor que 1, entonces incrementos porcentuales del precio producen incrementos porcentuales de la cantidad demandada menores.

Cada grupo de consumidores tiene una elasticidad distinta. Lo ideal para una empresa sería cobrar diferentes precios a cada persona según su elasticidad (es lo que ocurre con los billetes de avión; o con las localidades de un estadio...). Es decir, se intenta cobrar a cada persona según lo que esté dispuesta a pagar, y cada colectivo tiene una curva de demanda diferente.

Análisis económico de la agricultura

De este estudio se puede obtener una idea de por qué cada vez hay menos población activa en el campo.

Con el paso de los años, han crecido los ingresos y avanzado la tecnología, por lo que la curva de demanda ha crecido hacia la derecha. La agricultura es un sector muy productivo: los avances permiten grandes producciones con pocos recursos, con lo que la curva de la ofertas se mueve muy rápido hacia la derecha: han bajado los precios de los productos. Estos productos agrarios tienden a ser inelásticos (su $E_p < 1$). Si aumentamos la producción, y con ello la oferta, entonces los precios bajan, y la cantidad demandada aumenta, pero en una proporción inferior a la caída de los precios. Entonces, los ingresos de los agricultores, de determinados productos, disminuyen ($E_p < 1$), ya que aunque bajen mucho los precios no van a vender lo suficiente como para compensar.

Para aumentar los ingresos de los agricultores:

- La oferta se debería mover hacia la izquierda
- La Comunidad Europea da subvenciones para no cultivar tierra, reforestar, reducir bienes productivos... (en definitiva, para que no se produzca tanto).
- (...)

Pero en todo esto falla algo: en los productos agrarios, los precios de oferta dependen del precio que tenían los productos el año anterior, y en la demanda los precios dependen del precio del producto en ese momento. Por lo tanto, si no hay "cambios", el precio puede mantenerse.

Supongamos que se produce una variación de los precios, de la oferta o de la demanda, por ejemplo debida a una mala cosecha.

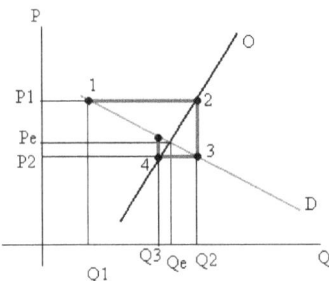

Se pasa entonces de una cantidad de equilibrio Qe a una cantidad Q1, lo que provoca una variación en el precio: de Pe a P1. Al año siguiente no se estará dispuesto a ofrecer por menos de P1, lo cual es un buen negocio, y por eso se empieza a producir más para ofertar Q2. De esta manera, no se compra tanto, a no ser que se venda a P2. Este es un precio más bajo, por lo que se produce menos, y esto lleva a Q3, y se prolonga la espiral.

Este mercado sigue el <u>modelo de la telaraña</u>: esto quiere decir que el propio mercado tiende a la situación de equilibrio.

Para poder volver a la situación de equilibrio se tiene que cumplir que $E_p^o < E_p^d$. Si ocurre lo contrario, la espiral será divergente, y nos alejaremos del equilibrio. Y si son iguales, ante un cambio seguiríamos un proceso oscilatorio. Estos dos casos se pueden ver en las figuras siguientes (por orden):

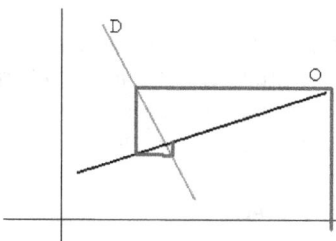 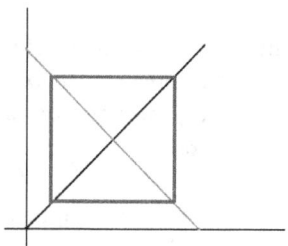

La incidencia de un impuesto: ¿quién lo paga?

A veces, el estado decide que por cada unidad vendida se pague una determinada cantidad en impuestos. Por ello, los productores intentarán trasladar ese impuesto al comprador. Se producirá por tanto un desplazamiento paralelo a la antigua curva de oferta, y de magnitud en precio igual al impuesto:

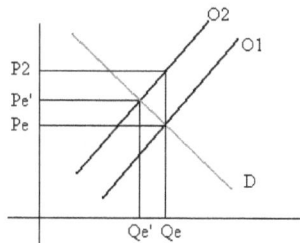

Con los pasos habituales del mercado, llegamos a una nueva situación de equilibrio, donde el importe del impuesto lo pagan entre el vendedor y el comprador. Dependiendo de lo que se desplace la curva, así pagará más proporción del impuesto uno u otro. Sin embargo, hay que notar que el comprador no acaba pagando la totalidad del impuesto. Solamente en el caso de que se tratara de un bien de demanda totalmente inelástica, el consumidor pagaría la totalidad del impuesto:

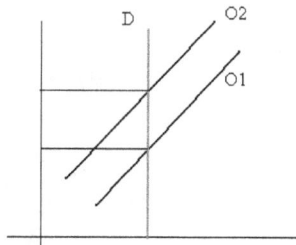

Este sería un caso extremo.

Mientras $E_p^o > E_p^d$, el comprador soportará una mayor cantidad del impuesto. Si fueran iguales, $E_p^o = E_p^d$, entonces comprador y vendedor se reparten el impuesto al 50%.

Los impuestos sobre el consumo normalmente se aplican sobre productos con elasticidad de demanda muy pequeña, para que la gente no deje de consumir fácilmente.

Cuando se subvenciona algún producto, en realidad se está poniendo un impuesto negativo, y ocurre lo mismo: que se reparte entre consumidor y vendedor.

Mediante el concepto de elasticidad, el Estado sabe cuál va a ser el efecto recaudatorio de un impuesto: la diferencia entre los precios puestos entre la oferta original, y la que produce la subida de impuestos, multiplicado por la cantidad ofrecida final, es lo que ingresa el estado (con la notación de la primera gráfica, lo que ingresaría el Estado sería: Qe'·(Pe'-Pe)).

Si lo que se aplica es un impuesto proporcional al precio del producto, como ocurre con el IVA, la nueva curva de oferta no será proporcional a la inicial, sino que se desplazará más para mayores precios.

CAPITULO 3: La decisión del consumidor

3.1. Utilidad total y utilidad marginal (enfoque cardinal)

Al tomar decisiones de compra, se busca el conjunto de bienes que proporciona mayor utilidad, esto es, que satisface mejor una determinada necesidad. **Utilidad** se define como la necesidad subjetiva que experimenta un individuo como consecuencia de consumir un bien o servicio.

Utilidad, ¿magnitud medible?

Existe un problema cuando nos planteamos si se puede medir la utilidad. En principio se puede considerar medible (cardinal). Así podremos comparar utilidades.

Imaginemos el consumo de leche, que nos proporciona la siguiente tabla:

Consumo de leche semanal	Utilidad total	Utilidad marginal (respecto del anterior)
0	0	
1	100	100
2	180	80
3	240	60
4	280	40
5	300	20

Vemos que la utilidad total va aumentando, mientras que la marginal es cada vez menor.

La **utilidad marginal** de un bien es el aumento de la utilidad total cuando se incrementa el consumo de ese bien en una unidad. Para la tabla anterior tenemos las siguientes gráficas:

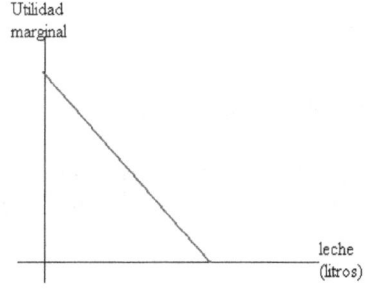
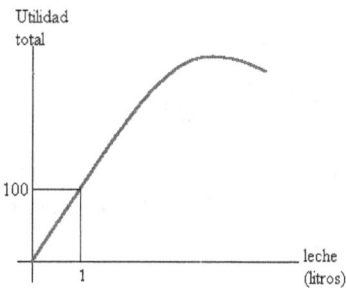

La utilidad marginal es siempre decreciente, aunque hay una excepción a esto: un coleccionista, por ejemplo, tiene una utilidad marginal constante e incluso creciente de las cosas que colecciona. También las cosas de comer: pueden proporcionar una mayor utilidad después de haberlas consumido muchas veces (el dicho de *lo habrás probado poco*).

Por lo tanto, admitimos la utilidad como cardinal. Entonces ahora nos preguntaremos dónde alcanza el consumidor su equilibrio, es decir, dónde podemos maximizar la utilidad.

El equilibrio del consumidor

Para resolver esto partimos de dos hipótesis, no poco reales:

- Los consumidores tienen una renta limitada. Hay que maximizar la utilidad proporcionada por todos los bienes que se pueden adquirir con esa renta.
- Cada bien proporciona una satisfacción diferente a los otros. Depende mucho de los gustos de cada persona.

Para ver esto con un ejemplo supongamos consumo de patatas y naranjas, y el precio de las naranjas es superior al precio de las patatas ($P_n > P_p$). ¿Cuánto de cada cosa tendremos que comprar para alcanzar el equilibrio?

Se puede comprar de ambos hasta que se igualen las utilidades marginales. Esto no tiene mucho sentido puesto que los precios de los bienes son diferentes. Por lo tanto, un consumidor maximizará su utilidad total si distribuye su consumo de forma que la utilidad marginal que le proporciona cada bien es proporcional al precio de ese bien. Es por eso que se comprará hasta que la última peseta gastada en patatas proporcione la misma utilidad que le proporciona la última peseta gastada en naranjas. Esta es la **ley de la igualdad de las utilidades marginales por Euro gastado**. De esta forma llegaremos al equilibrio.

Al reducir el consumo de un bien, aumento su utilidad marginal, y esto conlleva aumentar el consumo de otro bien, y así reduzco su utilidad marginal. Esto lleva a que las utilidades marginales de ambos bienes tenderán a igualarse. El equilibrio se producirá cuando se cumpla la anterior ley (cuando las utilidades marginales se igualan):

$$\frac{UMp}{Pp} = \frac{UMn}{Pn}$$

Cuando se cumpla esta igualdad, se habrá alcanzado el equilibrio.

Muchas veces estas utilidades no tienen una "base matemática", sino que se hace por gustos y preferencias. Se podrá extender todo esto a n bienes, ya que cada día se adquieren muchos bienes:

$$\frac{UMx_1}{Px_1} = \frac{UMx_2}{Px_2} = \ldots = \frac{UMx_n}{Px_n}$$

Esto explica por qué la curva de demanda tiene pendiente negativa. Si subimos el precio de las patatas, el precio se ha roto, y UMp/Pp < UMn/Pn. Entonces retiraremos parte del dinero de las patatas para comprar naranjas, y esto significará que aumenta la utilidad marginal de las patatas, o que disminuye la utilidad marginal de las naranjas, con lo que se vuelve al equilibrio.

3.2. Aplicaciones de la teoría de la utilidad cardinal

La paradoja del agua y los diamantes

El enunciado de esta paradoja nos dice que por qué el agua, que sirve para todo, es tan barata (en general) y los diamantes, que no sirven para casi nada, son tan caros.

El precio está relacionado con la utilidad marginal y no con la utilidad total, y la utilidad marginal de los diamantes es mucho mayor que la utilidad marginal del agua. Por lo tanto, el precio de los diamantes debe ser mucho mayor que el del agua para equilibrar la igualdad. Sin embargo, la utilidad total del agua es mucho mayor que la utilidad total de los diamantes. Es la utilidad marginal la que hace variar el precio y no al revés.

El excedente del consumidor

Excedente del consumidor es la diferencia entre la cantidad máxima que se estaría dispuesto a pagar por un número de unidades de un bien, y la cantidad que se paga realmente (precio del mercado).

Para ver esto volveremos al ejemplo del consumidor de leche:

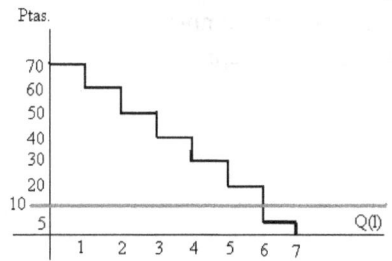

En esta gráfica aparece en negro el precio que se está dispuesto a pagar por cada cantidad, y el precio de la leche está marcado en rojo y es 10.

Para una cantidad de leche entre 0 y 6 litros, el precio es inferior a la cantidad que estaría dispuesto a pagar por ellos. Por lo tanto, el consumidor compraría hasta 6 litros de leche y saldría ganando, puesto que el precio del 7º litro es ya superior a lo que estaríamos dispuestos a pagar por él.

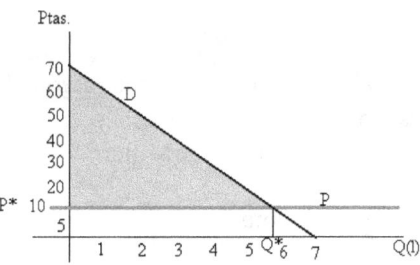

Por el primero paga 10 y obtiene la utilidad de 70: esto supone un excedente de 60; 50 para el segundo; 40 para el tercero..., así hasta una suma total de 210. En realidad esto es una curva de demanda, y todo lo que queda por debajo de la curva de demanda y por encima de la recta del precio será el **excedente del consumidor** (zona sombreada).

Este individuo alcanza su equilibrio en el punto donde la utilidad marginal que obtiene es igual al precio que tiene que pagar por ese bien, esto es, hasta que el excedente del consumidor sea nulo.

Se puede plantear al revés: podemos estudiar el efecto sobre los precios. Si el precio de la leche sube de 10 a 25, entonces se reduce el excedente del consumidor en 85 unidades. Por lo tanto, al consumidor le dará igual pagar el nuevo precio, que utilizar las 85 unidades en que no suban el precio. Aunque parezca que no, esto puede servir para algo: por ejemplo, para evaluar determinadas decisiones del Gobierno. Si se hace una carretera, se puede pensar que ahí no hay nada que evaluar, pero con una nueva carretera se ahorra tiempo, se gana comodidad, etc., y se puede cobrar el excedente que supone este ahorro en forma de peaje. Por ejemplo, si hay 10.000 usuarios, y cada uno tiene un excedente de 350, entonces se tiene un excedente total de 3.500.000. Si el coste total de la carretera es menor que este excedente, será una buena inversión; y si el coste supera los 3.500.000, será un absurdo construirla.

3.3 La elección del consumidor y la utilidad ordinal

Ahora supondremos que el individuo puede ordenar sus preferencias (*el cine me gusta más que el teatro*). También supondremos que:
- Los individuos tienen un comportamiento normal.
- Los consumidores siempre pueden comparar distintas combinaciones y alternativas de consumo.
- Los consumidores consistentes: si A es preferida a B, y B preferida a C, entonces es consistente pensar que A es preferido a C.
- Consumidores insaciables: se escogerá la opción que tenga mayor cantidad de bienes.

	A	B	C
1	1	2	3
2	1	2	2
3	1	2	5

De entre estas tres opciones, se escogerá siempre la tercera, que contiene igual de A y de B que las otras dos, pero tiene más de C.

Instrumentos de análisis de que dispondremos:
- Recta de balance o restricción presupuestaria.
- Curvas de indiferencia.

La restricción presupuestaria

El presupuesto limita la cantidad de bienes que se pueden adquirir. Esto es la **restricción presupuestaria**. Supondremos que la decisión de una persona no altera los precios.

La recta de balance nos dice qué combinaciones presupuestarias puede permitirse un consumidor. Si sólo se adquieren dos bienes:

$$\text{Gasto A} + \text{Gasto B} = \text{renta} \Rightarrow Q_A \cdot P_A + Q_B \cdot P_B = \text{renta}$$

Vamos a ver un ejemplo con carne y leche, y disponemos de 100 unidades monetarias. Las posibles combinaciones para ambos productos son:

	Q_l	Gasto l	Q_c	Gasto C
A	0	0	5	100
B	4	40	3	60
C	6	60	2	40
D	8	80	1	20
E	10	100	0	0

Con estos datos ya podemos definir una recta de balance:

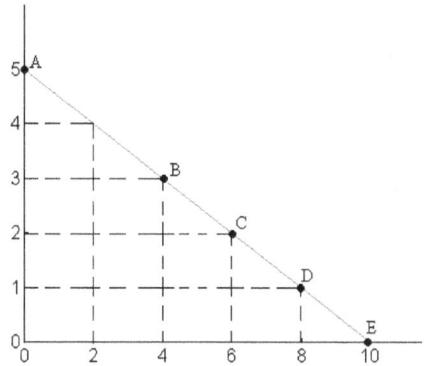

La **recta de balance** nos da las combinaciones máximas que se pueden adquirir (se gastará toda la renta). Si no se gasta toda la renta, se estará por debajo de la recta de balance. La cantidad de carne a la que hay que renunciar para adquirir una unidad de leche viene determinada por la pendiente de la recta. Y ésta viene determinada por la relación entre los precios.

Si ambos precios se reducen en la misma proporción, la recta se desplaza hacia la derecha. Si baja la renta o suben los precios, la recta va hacia la izquierda. Por lo tanto se podrá comprar menos de ambas cosas.

La curva de indiferencia

Vamos a suponer que sólo se van a consumir dos bienes. El consumidor es capaz de ordenar los bienes en grupos de dos:

	Carne	Leche
A	6	1
B	3	2
C	2	3

Con cualquiera de estas combinaciones, el consumidor obtiene la misma utilidad. Podremos deducir la siguiente curva:

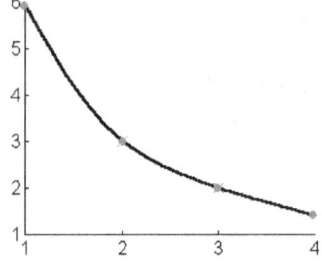

Ésta es la **curva de indiferencia**, que es la curva que une los puntos que proporcionan la misma utilidad a un consumidor. Esto significa que el consumidor es indiferente a cualquiera de las opciones que se encuentren sobre esa curva.

Podríamos representar otras combinaciones que proporcionaran mayor o menor satisfacción, por lo que se podrán obtener infinitas curvas. Y cuanto más nos alejemos del origen, mayor satisfacción recibirá el individuo.

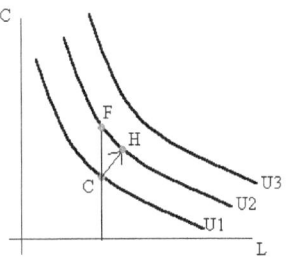

El paso de C a H supone que el consumidor obtendrá mayor satisfacción en H, por su insaciabilidad. Incluso pasando de C a F, el consumidor tomará la misma leche, pero mucha más carne, y por ello obtendrá mayor satisfacción.

Moverse a lo largo de una curva de indiferencia no altera la utilidad que se recibe.

Propiedades de las curvas de indiferencia

• Son convexas respecto al origen

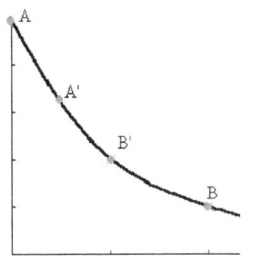

Para pasar de A a A' estamos dispuestos a renunciar a una gran cantidad de carne para obtener un poco de leche. En cambio, pasando de B a B' ocurre al contrario. cuanto más se tiene de un bien, se está dispuesto a dar más por menos de otro bien, Y cuando se tiene menos, menos se está dispuesto a dar por más cantidad de otro bien.

• Curvas decrecientes: salvo excepciones, cuando aumenta la cantidad de un bien, se reduce la de otro.
• Mayor preferencia cuanto más nos alejemos del origen (preferimos las curvas más alejadas).
• Dos curvas de indiferencia no se pueden cortar:

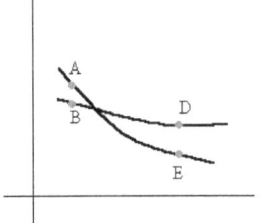

A es preferido a B; D es preferido a E.
B y D son equivalentes (igualmente preferidos).
A y B son también equivalentes entre sí.

Por lo tanto, si A es preferido a B, y D es preferido a E, por las hipótesis anteriores, A es preferido a E, lo cual no es cierto. Por lo tanto, las curvas nunca se pueden cortar.

Existen algunos casos puntuales que conviene comentar:

- Q1, Q2 son dos substitutivos perfectos. Entonces su curva de indiferencia tiene la siguiente forma:

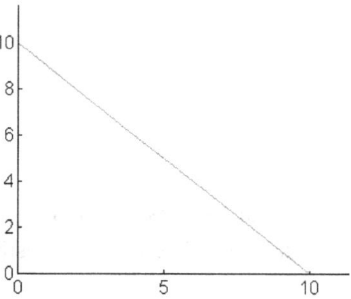

- Dos bienes complementarios perfectos, de forma que ambos consumos se hacen a partes iguales:

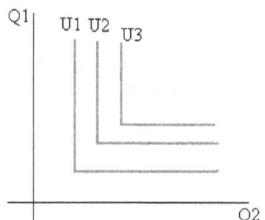

La utilidad de (2,2) será la misma que la de (2,3), (2,4)...

Un ejemplo "absurdo" sería si se vendieran zapatos de cada pie. Lo más normal será que se compren a pares y no uno suelto.

- Para las siguientes curvas:

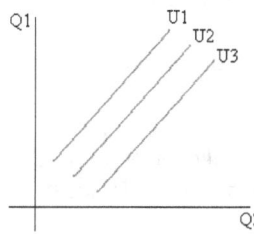

En ellas aumenta la utilidad cuando consumimos más de uno de ellos, pero cuando consumimos más del otro, disminuye la utilidad. Esto puede darse con la basura: con un par bollo-celofán_que_lo_envuelve, al aumentar el número de celofanes no aumenta la utilidad, e incluso disminuye, y al aumentar el número de bollos por celofán, aumenta la utilidad.

- Dos bienes complementarios que no se consumen en proporciones fijas:

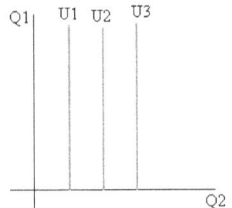

Esto sucede así, por ejemplo, si Q1 son reproductores de CDs, Q2 son los CDs.

Todas éstas son las excepciones. El resto de las curvas son convexas, lo que significa que la pendiente se hace menos acentuada a medida que vamos sustituyendo Y por X.

Debemos tener en cuenta que en la realidad se produce la **diversificación del consumo**, esto es, no se concentra la renta en un solo bien, sino que se reparte entre varios de ellos.

La relación marginal de sustitución

La relación marginal de sustitución entre un bien A y otro B es la cantidad máxima de B a la que un consumidor está dispuesto a renunciar, sin reducir por ello su utilidad (esto es, sin salirse de la curva de indiferencia), para aumentar el consumo de A en una unidad. Definido mediante una fórmula:

$$RMS_{y,x} = -\frac{\Delta y}{\Delta x}\Big|_{\Delta x=1}$$

$RMS_{y,x}$ es la pendiente de la curva de indiferencia en términos absolutos.

Supongamos que un individuo está dispuesto a renunciar a 3 unidades de leche por 1 unidad de carne. La relación marginal de sustitución será 1/3. Pero en el mercado, el precio de la carne es el doble que el de la leche: la relación de precios es 1/2. Por tanto, no parece lógico que renuncie a 3 unidades de leche por 1 de carne, porque la unidad "extra" de leche no le va a reportar carne.

En la primera parte de la suposición nos movíamos en la curva de preferencias, y ahora nos movemos en la curva de balance, que nos da las relaciones de mercado. El equilibrio estará donde se igualen la relación de sustitución marginal de los bienes y la relación de precios de esos bienes:

$$\text{Equilibrio cuando } RMS_{y,x} = -\frac{\Delta y}{\Delta x} = \frac{P_y}{P_x}$$

Dadas las curvas de balance (en rojo) y preferencia (en azul) de un individuo:

El individuo intentará situarse en la curva de indiferencia más alejada del origen, ya que situándose en A o en B no obtiene la máxima utilidad posible. En el punto de tangencia entre la recta y U2 obtiene una mayor utilidad total que en A o en B, y está en una curva de indiferencia superior que A y B. La curva U3 es inalcanzable con esta recta de balance. Por lo tanto obtendrá máxima utilidad cuando la recta de balance es tangente a la curva de indiferencia.

La deducción de la curva de demanda: efecto sustitución, efecto renta, y efecto total

La curva de demanda indica cómo responde un consumidor a los cambios de precios. Suponemos un consumidor con renta limitada, que la gasta íntegramente en carne y leche:

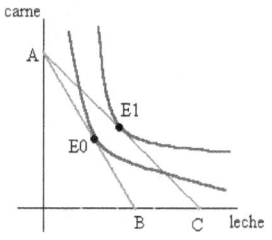

Si baja el precio de la leche, la recta de balance, que inicialmente es $\overline{AB}$, pasa a ser $\overline{AC}$. Esto no significa que cambien los gustos, sino que cambian las posibilidades de elección. Esta bajada de precios significa una subida del aumento real, y cambios en los precios relativos.

Si el precio de la leche disminuye, podemos comprar más leche, y puede sobrar para comprar un poco más de carne, o repartir la diferencia entre leche y carne.

Inicialmente estábamos en un punto E0 (punto de equilibrio). La bajada de la leche permite pasar a una curva de indiferencia más alejada del origen (porque proporciona mayor satisfacción). Por ello pasaremos a E1. Nos interesa descomponer este efecto en dos efectos:

- Modificación de los precios relativos, y
- Aumento de la renta real.

El paso de E0 a E1 es el **efecto total**.

Efecto sustitución

Vemos dónde se sitúa el consumidor si el precio de la leche baja, pero se mantiene en la misma curva de indiferencia. Esto es, medimos el efecto de una bajada del precio de la leche con una subida proporcional del precio de la carne. Esta suposición se hace para no movernos de la curva de indiferencia. De esta forma, la renta real del individuo permanece inalterada, y dejamos el factor renta fijo.

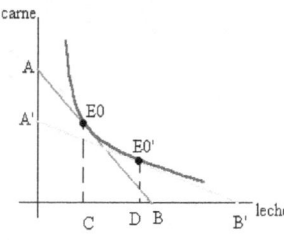

La recta girará de forma que sigue siendo tangente a la curva de indiferencia (la recta verde es la nueva recta). La cuantificación del efecto sustitución viene dada por la diferencia entre el valor de D a C.

Efecto renta

Ahora estamos en la recta A'B', y el individuo aumenta su renta real (tiene más ingresos y no se alteran los precios):

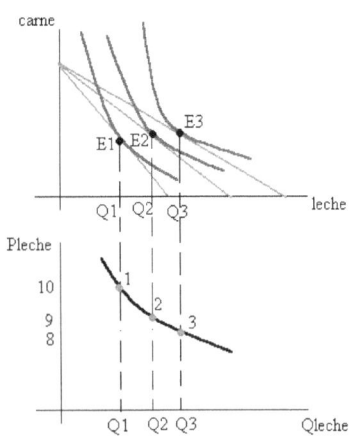

Ahora subimos hasta la recta AC de forma paralela a A'B' (recta verde), y podemos permitirnos una nueva curva de indiferencia para situarnos sobre E1.

La cuantificación del efecto renta vendrá dada por la diferencia entre el valor de x (abcisas) de E0' y el valor de x de E1.

Con el efecto sustitución ha bajado la cantidad de carne consumida, y aumenta la de leche. Y con el efecto renta, aumenta la cantidad de leche consumida, y también la de carne pero en mayor cuantía que lo que disminuyó con el efecto sustitución.

$$E_{T,L} = E_S + E_R$$

Los movimientos de estos efectos dependen del tipo de bien. Si estamos hablando de un bien inferior, el efecto sustitución siempre es positivo, y el efecto renta podría ser negativo. Pero lo normal es que el efecto total sea positivo siempre. La única excepción está en los bienes *giffen* (bienes de muy baja calidad y con un peso altísimo en la cesta de la compra).

Deducción de la curva de demanda

- Estamos en una situación de equilibrio E1, con una cantidad Q1 de leche, y un precio P1=10 (punto 1).
- Bajamos el precio a P2=9; esto supone una nueva situación de equilibrio con Q2 y E2 (punto 2).
- Bajamos el precio a P3=8; esto lleva a Q3 y E3 (punto 3)
- ...

Haciendo esto sucesivas veces, obtenemos la curva de demanda para ese consumidor.

CAPITULO 4: Organización y producción de las empresas

4.1 La empresa y el empresario

Concepto de empresa

La empresa surgió en la Baja Edad Media, en los burgos. Eran empresas pequeñas, con un único "socio". Esto es así hasta que se introduce la especialización: ahí cambia el concepto de empresa. La especialización lleva a introducir maquinaria, esto mueve capital y se acaban separando manufactura y dirección. Los dueños del equipo capital no son los que trabajan en la empresa.

A finales del siglo XVIII, la incorporación de mucha maquinaria "acabó" (no completamente; todavía existe) con la producción de tipo artesanal.

Todo esto tiene que ver con la idea de una empresa como unidad de producción. Y llegaremos a:

- Aparición de los grandes bancos, que permiten que las empresas accedan a los recursos monetarios para poder adquirir la maquinaria. Un individuo solo lo tenía muy difícil.
- Aparición de las sociedades anónimas: a medida que se necesitan más recursos, se "inventa" algo para distribuir la propiedad de una empresa, y sus gastos y beneficios.

Algunas empresas van creciendo, y surge la monopolización en el último siglo. El crecimiento de algunas empresas implica que "imponen su ley" en el mercado. El crecimiento de una empresa se puede hacer de dos formas:

- Por expansión interna: La empresa cubre zonas de mercado cada vez más grandes, ofrece más productos...
- A través de absorciones y fusiones: Una **fusión** es cuando dos o más empresas independientes acuerdan crear una empresa nueva que no existía antes, y que, teóricamente, será la suma de las empresas que ya existían, y que desaparecerán una vez fusionados. Y una **absorción** significa que una empresa que ya existe (o varias) traspasa todo su patrimonio a otra empresa que también existe

NOTA: OPA significa Oferta Pública de Acciones. Se oferta un precio para todo aquel que quiera vender acciones.

Con el tiempo aparecieron los grupos económicos, que son grandes sociedades jurídicamente independientes que tienen relaciones accionariales, o de cualquier otro tipo, entre ellas. Hay dos tipos de grupos económicos:

- Grupos industriales: Son asociaciones de sociedades, valga la redundancia, dedicadas a la misma actividad o actividades complementarias, con una estrategia común. Nacen a partir de una empresa (empresa matriz), y después se van complementando con otras actividades de otras empresas. La idea es que el grupo industrial controle todo el proceso productivo.

- Grupos financieros: Es la idea de una empresa o sociedad que mantiene o posee acciones de otras empresas, que a su vez pueden tener acciones de otras empresas...

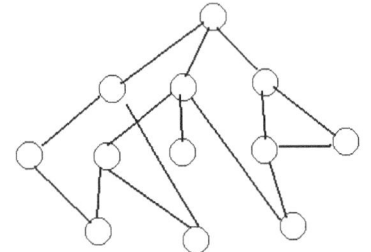

Al final, un único propietario, de forma directa o indirecta acaba teniendo el control de un grupo de empresas.

En este caso no tiene por qué haber relación de producción entre empresas, sino que se trata de un control accionarial.

Un ejemplo de esto es RUMASA, que es un holding de empresas (relación de dependencia financiera entre empresas).

La empresa como realidad económica y social: elementos

La empresa, en la historia, ha pasado de considerarse una unidad de producción, a un concepto muy distinto como es el control de acciones. Es decir, pasamos de pensar en ella como una unidad de producción a pensar en ella como una unidad de dirección. A pesar de todos estos cambios sufridos por la empresa, seguiremos considerándola una unidad de producción.

Podemos hablar de una empresa como una explotación, una sociedad, o un establecimiento, y aunque parecen sinónimos no lo son, y tienen matizaciones.

Cualquier empresa concebida como unidad de producción tiene tres fases elementales:

1. Adquisición de inputs: Compra de materias primas, factores productivos...
2. Proceso productivo: Coordina y gestiona los inputs.
3. Obtención de outputs: Bienes, servicios, productos, que se ofrecen a los consumidores.

Consideramos empresas a las que son transformadoras y a las que no lo son (transportes, almacenes, extractivas, comerciales...)
Recordemos que en el proceso productivo se transforman tierra, trabajo y capital (factores productivos).

El marco de actuación de la empresa

A veces se concibe una empresa como algo aislado, pero esto no sucede así. Las empresas tienen multitud de relaciones con multitud de agentes económicos: financiaciones, trabajadores, proveedores, consumidores... La empresas dependen del marco en el que se mueven.

Algunas de las funciones de las empresas en economías consideradas capitalistas son:

- **Función de descuento social**: Los trabajadores suponen un coste a las empresas. Este coste se traslada al de los productos, pero a veces el proceso productivo dura más que el tiempo en que hay que pagar a los trabajadores (pensar en un astillero). Por lo tanto hay que anticipar el capital de la ganancia del producto final para los salarios. También puede ocurrir al contrario, y entonces será el trabajador quien anticipa su trabajo a la empresa. Todo esto lo tienen que tener en cuenta las empresas para dejar un remanente.
- **Función de riesgo**: Se refiere a un riesgo económico, puesto que la empresa desconoce a priori el grado de aceptación de lo que está sacando. Por lo tanto asume un riesgo al sacar un producto.
- **Función de coordinación**: La empresa coordina factores productivos para obtener los outputs. Esta función siempre se hace pensando en un objetivo de la empresa.
- **Función de interpretar**: Las empresas interpretan los deseos de los consumidores, porque les conviene hacerlo. Buscan las necesidades de la gente, puesto que estos deseos no se muestran explícitamente.

Las empresas nacen porque:

⇒ Hay una necesidad no satisfecha.

⇒ Una nueva empresa va a satisfacer una necesidad mejor que las satisfacen las demás empresas

- **Función de generar capacidad de pago**: Proporcionan recursos a los trabajadores para que puedan tener poder adquisitivo.

Clases de empresas

Se pueden dar infinitas clases de empresas, e infinitas forma de clasificación. A continuación se dan algunas de ellas:

- Según el sector donde actúen:
  - Agrícolas (sector primario)
  - Industrial (sector secundario)
  - Servicios (sector terciario)
  - Construcción (no está muy claro, pero podría considerarse el cuarto sector)

- Según el tamaño:
  - Pequeña empresa: hasta 49 trabajadores.
  - Mediana empresa: de 50 a 250 ó 500 trabajadores.
  - Gran empresa: más de 500 trabajadores

    En este caso surge la relatividad, puesto que el tamaño también depende del sector en que nos movamos, y de si comparamos sectores: ¿Cuál es más grande: la más grande de las empresas cerámicas o la más pequeña de las empresas petrolíferas? Aunque estas clasificaciones sean muy relativas, son necesarias, entre otras cosas, para dar subvenciones.

- Según su titularidad:
  - Privadas
  - Públicas

Hay empresas que tienen parte de cada sector. Entonces se las considerará dentro del grupo que ejerza un mayor control sobre ella (que tenga una mayor parte).

- Según la propiedad o responsabilidad:
  - Individual: Suelen ser pequeñas, y tienen a una sola persona como dueño del capital y las decisiones. Es un propietario con responsabilidad ilimitada (responde con sus bienes de la empresa).
  - Societaria: Se pueden hacer varias distinciones:
    * Colectiva: Es una comunidad de trabajo. Es una empresa del tipo individual, pero con varios socios. Cada socio tiene plenos derechos en la empresa, y no se pueden vender acciones sin consentimiento de todos los socios. Suelen ser familiares.
    * Comanditaria: Es una sociedad colectiva: parte de los socios tienen responsabilidad ilimitada, y el resto no. Parte responde mancomunadamente de la empresa, y el resto tiene responsabilidad hasta el capital que hayan aportado a la empresa.
    * Limitada: (S.L.) Éste es un caso más común. No se puede crear una S.L. con menos de 500000 ptas. ni más de 50 socios (son por tanto pequeñas empresas). No existe una responsabilidad ilimitada, sino que cada socio responde según la cuantía aportada a la empresa. El capital está dividido en partes iguales, que dan derecho a voto. Se puede tener más de una participación, y con ello más derechos. Estos derechos no se pueden transmitir a otras personas libremente (esto es, porque uno quiera). Esto se debe a que se tienen participaciones de la sociedad, y no acciones.
    * Anónima: No tiene número fijo de socios. El capital no debe ser inferior a los 10 millones de ptas. Los socios no responden de las deudas de la empresa. Sólo se pueden adquirir acciones de la empresa si se aportan bienes valorables o capital, pero nunca trabajo. Es una empresa capitalista porque los derechos económicos, políticos, se ejercitan en proporción al número de acciones que se tengan.

      Acción se define como una parte alícuota del capital. Últimamente hay acciones con voto y acciones sin voto. La acción sin voto se suele cambiar por alguna prioridad de pago, algún punto más, etc.
    * Cooperativas: Sociedades creadas para satisfacer las necesidades de un grupo de personas de características similares, y, teóricamente, todos participan en todo. Suelen ser problemáticas.

NOTA: Una franquicia no tiene que ver con lo anterior, y consiste en cambiar una cantidad de dinero por usar una idea de otro con plenos derechos (ejemplo: Telepizza).

La figura del empresario

En la empresa suele haber directores y gerentes. Suele ocurrir que los que tienen más acciones son directores, y contratan a gerentes profesionales para que dirijan la empresa. Estos gerentes no tienen por qué ser accionistas.

Todos los accionistas nombran al equipo gestor. Cada año éste debe rendir cuentas a la JGA (junta general de accionistas) sobre su labor.

El término empresario es difícil de definir: se entiende, entre otras cosas, por alguien que dirige, que pone el capital (más bien, que es capaz de conseguirlo), que crea puestos de trabajo, que asume riesgos (esto incluye introducir innovaciones)...

Los objetivos de la empresa

Toda empresa, sea cual sea su actividad, debe marcarse unos objetivos. Se debe matizar si se persigue un solo objetivo o varios. Cuando la empresa era de un solo dueño, se perseguía maximizar las ganancias, es decir, un solo objetivo. Pero cuando aparecen los directivos, aparecen también otros objetivos, como maximizar las ganancias de los directivos (aumentar su sueldo, mejor despacho...). Hay quien piensa que los objetivos de los directivos se deben superponer a los de la empresa.

Hay incluso algunas empresas que lo que pretenden es maximizar su utilidad. Pero, en general, no suele perseguirse un solo objetivo porque sabemos que con una empresa intervienen multitud de agentes. Es por ello que pueden aparecer contradicciones entre dos objetivos (por ejemplo, sueldo de los trabajadores, y ganancias de la empresa). Por lo tanto, no se podrá maximizar uno sólo, sino que hay que encontrar un equilibrio.

Para simplificar supondremos que el objetivo de la empresa es maximizar el beneficio.

4.2 La función de producción

La función de producción es una de las funciones básicas de toda empresa.

Todas las empresas emplean todos los factores productivos (recordemos: tierra, trabajo y capital) en mayor o menor medida. Con la tecnología disponible en ese momento, se produce una cantidad de bienes. La forma de producción queda reflejada en la forma de la función de producción:

$$Q = f(L, K, T, H),$$

donde L es el trabajo, K el capital, T la tierra, y H la forma de operar el empresario.

Existe una función de producción por cada bien que se puede producir, incluso varias funciones para un mismo bien. Empezaremos por distinguir entre las funciones a corto y a largo plazo.

La función de producción a corto plazo

Gran parte del capital de una empresa está en bienes productivos. Si en un momento dado la empresa tiene que aumentar su producción, tendrá que aumentar la cantidad de factores productivos que no son fijos a corto plazo.

En el corto plazo, los bienes de capital son <u>fijos</u> (no podemos hacer aumentar de golpe el número de máquinas que tenemos). Pero los <u>factores variables</u> sí pueden cambiar a corto plazo, como por ejemplo el trabajo (horas extras, más ritmo en los turnos, trabajadores eventuales...). La única forma de aumentar la producción a corto plazo es recurrir a los factores productivos que no son fijos.

Corto plazo y largo plazo se distinguen porque en el corto plazo hay algunos factores productivos que no se pueden modificar, y en el largo plazo, todos se pueden modificar. Es por ello que lo que es corto plazo para una empresa puede ser largo plazo para otra.

Vamos a ver un ejemplo que aparece descrito en la fotocopia 4.1. Se describe un productor de trigo, y se considera el factor trabajo (L, que es el número de unidades de trabajo o trabajadores) como el variable, la tierra como fija. Si aumenta el número de trabajadores, aumenta la cantidad total producida para todos los casos. Pero al principio crece a ritmo creciente, hasta el 4º trabajador. A partir de ahí, la PT crece de forma decreciente. Esto querrá decir que la producción marginal decrece. El **producto marginal** es el incremento de la cantidad de producto que se da cuando incrementamos en una unidad el factor trabajo.

Este efecto en el producto marginal se observa siempre, y se ha obtenido una ley:
Ley de los rendimientos marginales decrecientes: La cantidad de producto adicional que se obtiene cuando se añaden sucesivamente cantidades de factor variable a una cantidad fija de factores, termina siendo decreciente.

La PMe es la productividad media, y es el cociente

$$PMe = \frac{PT}{L}$$

La PMe crece hasta que llega al 5º trabajador, y a partir de ahí empieza a ser decreciente.

El punto máximo de la curva de la productividad media es el **óptimo técnico**, y es el punto donde PMe y PMg se cortan (en el ejemplo no sucede así porque realmente no es una curva, sino la aproximación a unos puntos por una curva).

La producción y el largo plazo

Imaginemos que se produce un exceso de demanda que dura en el tiempo, y la empresa debe mantener el exceso de producción permanentemente. Entonces se planteará contratar más, más máquina, más plantas... Por lo tanto, en el largo plazo las empresas pueden variar todos los factores productivos, y no existirán factores fijos. Aquí es cuando recordamos las economías de escala.

Ejemplo:

K	L	Nivel de producción
2	16	1000
4	32	2000
4	32	1700
4	32	2500

Estamos en la primera opción. Si aumentamos los factores productivos estaremos en distintas economías de escala:

- Paso de uno a dos: economía de escala constante
- Paso de uno a tres: economía de escala decreciente
- Paso de uno a cuatro: economía de escala creciente

La ley de los rendimientos marginales decrecientes tiene en cuenta sólo un factor (estamos en corto plazo), y la economía de escala creciente tiene en cuenta todos los factores (estamos en largo plazo), luego pueden darse los dos casos simultáneamente.

La eficiencia económica y la eficiencia técnica

En principio cualquier empresa intenta ofrecer la máxima cantidad de producto con la mínima cantidad de factores productivos.

Ejemplo:

	K	L
A	2	16
B	4	8
C	3	17

La opción C es ineficiente porque usa más capital y trabajo que las otras dos. Serán opciones lógicas la A y la B (opciones técnicamente eficientes), pero tendremos que saber el precio del trabajo y el precio del capital para saber cuál es la más conveniente.

Por ejemplo, si el precio del capital es de 5.000 y el del trabajo 1.000, la opción A supone un coste de 26.000, y la B de 28.000. Por lo tanto es económicamente más eficiente la A. El que una opción sea económicamente eficiente en un momento dado no quiere decir que lo sea siempre (estamos hablando de largo plazo). Así que si ahora cambian los costes, y el trabajo cuesta 2.000 y el capital 3.000, la A cuesta 38.000 y la B 28.000, por lo tanto la B ahora es económicamente más eficiente.

Una opción económicamente eficiente es técnicamente eficiente, pero el caso inverso no tiene por qué darse, como se ha visto en el ejemplo.

4.3. Los costes empresariales en el corto plazo

Toda empresa tiene costes en el momento que empieza el proceso productivo. Estos costes se intentarán trasladar íntegramente al precio del producto, y supondrán una reducción del beneficio.

Beneficio = (Ingresos Totales) - (Costes Totales)

Hay costes que no se pueden trasladar íntegramente al precio del producto. Por ejemplo, si se levanta una nueva planta, su precio no se puede trasladar a la primera serie de productos que sale de esa planta. De ahí surge un problema de valoración.

Lo ideal sería tener en cuenta el coste de oportunidad, pero en la contabilidad no se tiene en cuenta. Suele ocurrir que el beneficio contable es mayor que el beneficio económico (coste de oportunidad), porque el contable suele estar sobrevalorado para intentar incluir ese coste de oportunidad.

Existen costes fijos y variables asociados a los factores fijos y variables. Los costes variables dependen del volumen de producción, y los costes fijos no, y éstos últimos son aquellos en los que incurre la empresa a partir de los factores fijos que tiene (por ejemplo, pagar la luz, el teléfono, la limpieza...).

Coste Total = (Costes Fijos) + (Costes Variables)

La única forma de evitar los costes fijos es cerrar la empresa, lo que no es lo mismo que dejar de producir (por ejemplo, un domingo sigue costando dinero).

Cuando PT crece de forma creciente, a medida que producimos más, necesitamos menos unidades de trabajo para conseguir el mismo incremento de producto. Esto significará, viéndolo de forma inversa, que para obtener la misma cantidad de producto, el coste de trabajo crecerá de forma decreciente (cada vez el trabajo cuesta menos, porque cada nuevo trabajador produce más en proporción al anterior). Esto es así hasta el punto máximo de la curva de PMg. A partir de ahí ocurre lo contrario.

La curva de costes totales es siempre paralela a la curva de los costes variables.

Cada unidad adicional de producto significa incrementar los costes totales. Pero cada incremento de producto hace incrementar de forma distinta el coste.

Se define el **coste marginal** como el incremento del coste total necesario para aumentar en una unidad el producto total. También podemos hablar de costes medios:

- Coste fijo medio: es siempre decreciente: $CFMe = \dfrac{CF}{PT}$

- Coste variable medio: $CVMe = \dfrac{CV}{PT}$

- Coste total medio: $CTMe = \dfrac{CT}{PT}$

Las curvas de coste variable medio y coste total medio no son nunca paralelas.

El coste marginal corta al coste total medio y al coste variable medio en sus mínimos.

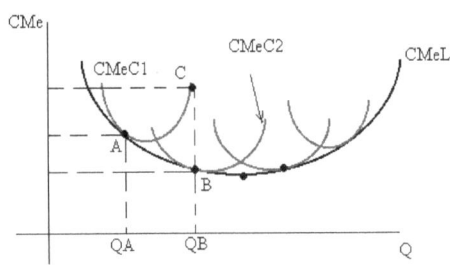

Una empresa tiene que pasar de producir QA a QB a corto plazo. Si la empresa tiene que seguir manteniendo la cantidad de producción tendrá que mantener también unos costes. Cada nivel de producción tiene asociado un tamaño óptimo de planta, que consigue el mínimo coste por unidad de producto. Por lo tanto podremos diseñar una curva de CMe a largo plazo que sea la envolvente de los CMe's a corto plazo.

Se puede deducir que:
- La curva de CMeL representa una combinación óptima de factores, esto es, la combinación que conlleva un coste medio por unidad de producto inferior al que resultaría de cualquier otra combinación de factores.
- Los costes medios a corto plazo siempre son superiores a los CMeL, excepto para aquel nivel de producción para el que se diseñó la planta (para cada curva de CMeC: por ejemplo la que incluye a A y a C): este será el punto de tangencia entre las curvas CMeL y CMeC.
- Tendremos infinitas curvas de CMeC.

Pero el punto de tangencia no es el mínimo de costes a corto plazo. Sólo habrá un caso en que coincidan los mínimos de CMeC y CMeL: este será el **punto de dimensión óptima**. Mientras CMeL es decreciente, el punto de tangencia se produce en la parte decreciente de las curvas de CMeC, y lo mismo pero al revés en la parte creciente de las curvas.

4.4. Los costes empresariales en el largo plazo

A largo plazo se puede especificar una curva CMgL, que representará el coste adicional necesario para aumentar en una unidad la producción cuando todos los factores son variables. Posiblemente CMgL < CMgC:

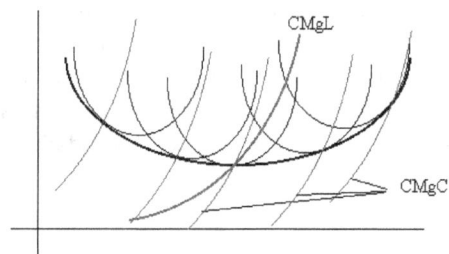

Esto nos vuelve a llevar a las economías de escala. La relación que existe entre las economías de escala y los CMeL es la siguiente: una empresa tiene una economía de escala creciente, con lo que las últimas unidades de todos los factores productivos aportan más a la producción final que el resto de los factores productivos anteriores. Por ello cada vez serán necesarios menos factores para producir de forma proporcional, con lo que los costes medios de esa empresa cada vez son menores.

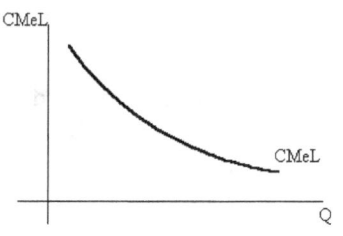

Por lo tanto, con economías de escala crecientes tendremos curvas de costes medios a largo plazo decrecientes. Esto se debe a varias razones:
- División del trabajo (mayor especialización)
- Más maquinaria
- Aplicación de I+D
- Imponer precios
- ...

Por otro lado, si una empresa tiene economía de escala decreciente:

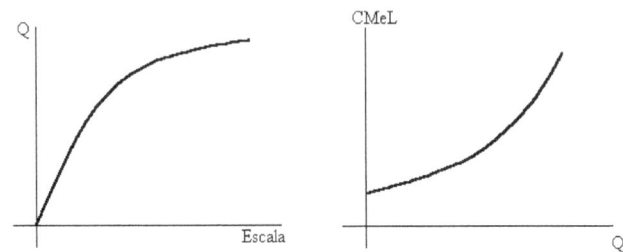

Lo que ocurre ahora es que para producir proporcionalmente cada vez los costes son mayores, lo que significa que con una economía de escala decreciente tenemos costes medios a largo plazo crecientes.

Y en economías de escala constantes tendremos constes medios a largo plazo constantes:

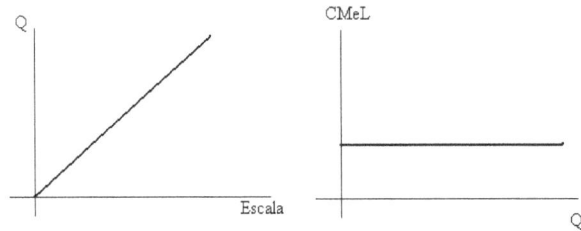

Esto viene explicado por la **hipótesis de reutilización**, que nos dice que por qué no se va a poder diseñar un establecimiento igual a otro. Si esto existe tendremos una economía de escala constante. Si tenemos un establecimiento y lo replicamos una vez, duplicaremos ganancias totales; y si se replica ocho veces, ganaremos ocho veces más. Esto es así a no ser que veamos como factor productivo la iniciativa empresarial, puesto que entonces nos tendríamos que preguntar si se puede replicar esa iniciativa empresarial o capacidad de producción.

En la práctica se ha comprobado que la economía de las empresas se puede representar de la siguiente manera:

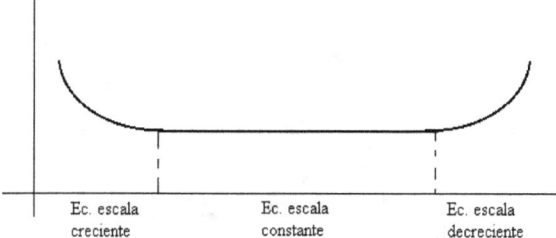

CAPITULO 5: Mercado perfectamente competitivo

5.1. Tipos de mercado

En la realidad no existe el mercado perfecto, pero vamos a analizar este ideal. Al hablar de competencia se relaciona con el número de participantes en el mercado: compradores y vendedores. Los tipos de mercado según el número de compradores y vendedores son los siguientes:

Oferta\Demanda	1 comprador	pocos compradores	muchos compradores
1 vendedor	monopolio bilateral	monopolio parcial	monopolio
pocos vendedores	monopsonio parcial	oligopolio bilateral	oligopolio
muchos vendedores	monopsonio	oligopsonio	competencia perfecta

Un ejemplo de oligopolio es la distribución de gasolina. Y muchos concursos públicos son un monopsonio: se anuncia la compra de una cantidad de producto, y los vendedores participan en ese concurso.

5.2 Condicionantes de la competencia perfecta

Las condiciones que debe reunir un mercado para ser de competencia perfecta son las siguientes:

- Existencia de un elevado número de compradores y vendedores, Esto quiere decir que la cantidad que cada uno de ellos puede comprar o vender es tan pequeña que no va a tener efectos ni sobre los precios ni sobre las mercancías.
- La competencia entre compradores hace que ninguno de esos compradores pueda comprar por un precio inferior al de mercado; ni ningún vendedor va a vender a un precio superior al de mercado.
- Las empresas podrán producir lo que quieran, pero aceptando el precio como un dato (serán precio-aceptantes). Como hay muchas empresas, la competencia será impersonal. Por lo tanto, una empresa no compite contra otra empresa, sino que compite en el mercado con los precios establecidos en él.
- Compradores y vendedores deberán ser indiferentes respecto a quién comprar y a quién vender. Por lo tanto se admite que los productos que venden dos empresas son homogéneos, o incluso iguales. Si admitimos que los productos son distintos, hay un monopolista de un producto, y siempre habrá quien quiera comprar ese producto. Por lo tanto, ya no sería precio-aceptante, sino que él fija el mercado. Como ya se ha dicho, no vamos a pensar así, sino que vamos a admitir productos iguales.

- Todos los compradores y todos los vendedores tienen un total conocimiento de todas las condiciones generales del mercado. Esto significa que los vendedores sabrán el precio al que están dispuestos a comprar los compradores, y viceversa; y también significa que ambas partes conocen el precio de equilibrio del mercado, y, al conocerlo, los compradores no estarán dispuestos a comprar a un precio mayor, ni los vendedores a vender a un precio menor.
- Existe libre movilidad de factores productivos. Por lo tanto, las empresas tienen total libertad para entrar o salir de ese mercado. Se define **industria** como un grupo de empresas dedicados a la producción de un bien homogéneo (como la industria el automóvil, la industria del papel...). Este punto en principio nos asegura que los factores productivos se van a utilizar de forma eficiente, y se asignarán a las empresas más eficientes: debido a la competencia, se intentará fabricar de la forma más eficiente posible, esto es, con el menor número posible de factores productivos.

Un mercado con estas características de competencia perfecta estará en equilibrio cuando:
- el precio sea único,
- oferta = demanda,
- todos los consumidores maximicen su utilidad,
- todas las empresas maximicen sus beneficios.

Se asume que hablamos de equilibrio a largo plazo, ya que tomamos todos los factores como variables.

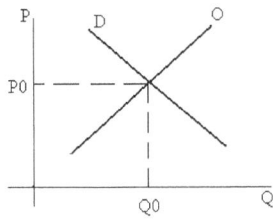

P0 es el precio al que aceptan vender todas las empresas. Para cada empresa individual la curva de demanda será horizontal:

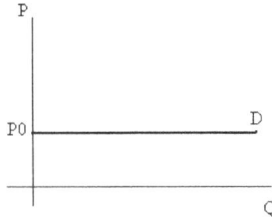

No se podrá vender a otro precio.

5.2. La producción de la empresa competitiva

El precio será igual al ingreso medio de la empresa, e igual al ingreso marginal: P = IMe = IMg
B = IT - CT;   IT = P·Q;   IMe = IT/Q = P
Y como una empresa venderá igual el primer artículo que el último: P = IMe = IMg

Una empresa deberá tener en cuenta si va a producir al precio de mercado, y si produce, en qué cantidad. Para ver esto vamos a estudiar el objetivo de una empresa, que será maximizar beneficios: B = CT + IT.

Los beneficios pueden ser de tres tipos:

1) **Beneficios normales**: IT = CT , lo que significa B = 0. Los costes totales se refieren a los costes de oportunidad, y ahí van incluidos los sueldos de los que gestionan y de los que invierten. Esto es equivalente a decir IMe=CTMe=P

2) **Beneficios extraordinarios**: IT>CT, lo que significa B>0, o lo que es lo mismo, IMe>CTMe, ó P>CTMe. En una situación de competencia perfecta no puede haber beneficios extraordinarios.

3) **Pérdidas**: IT<CT, lo que significa B<0, ó P<CTMe.
   Aquí es donde nos preguntamos si una empresa que tiene pérdidas debe o no debe cerrar la empresa. Tenemos tres posibles situaciones partiendo de que Pérdidas=CT-IT=CF+(CV-IT):

a) CV-IT>0 $\Rightarrow$CV>IT $\Rightarrow$ CVMe>P
   Esto significa que cada unidad producida y vendida nos produce, por término medio, menos de lo que nos cuesta producirla. Si continuamos produciendo así, añadimos costes por encima de los ingresos. Esto es, si producimos, las pérdidas serán cada vez mayores y acabarán siendo mayores que los costes fijos. Como tiene más pérdidas produciendo que sin producir deberá cerrar lo antes posible.
b) CVMe=P $\Rightarrow$ Produciendo sólo se cubren los costes variables: Pérdidas=CF, por lo que le dará igual producir que no producir (a corto plazo).
c) CV<IT $\Rightarrow$ CVMe<P. La empresa cubre todos los costes de producción y parte de los costes fijos (mientras está produciendo). A pesar de tener pérdidas, a la empresa le interesa producir, puesto que a corto plazo puede tener pérdidas, pero es una situación que no durará indefinidamente.

La decisión de producción a corto plazo
   Una empresa busca maximizar su beneficio. Buscaremos el nivel de producción para que esto suceda:

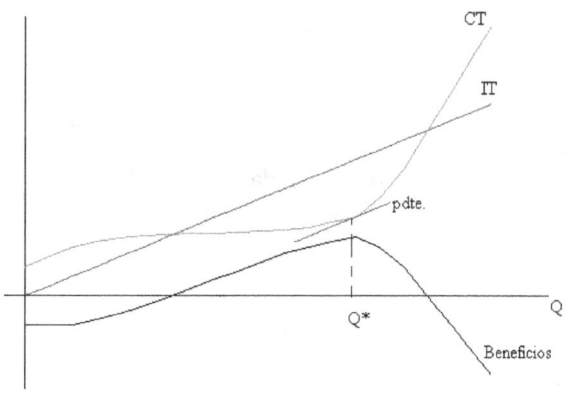

Para cada cantidad de producción se da que B=IT-CT. Buscamos el nivel de producción en el que se obtiene el máximo beneficio: éste punto es Q*, que coincide con el punto donde CT e IT se separan más, esto es, donde las pendientes de CT e IT son iguales. Si pensamos en la pendiente como en $\frac{\Delta y}{\Delta x}\big|_{\Delta x=1}$, nos lleva al concepto de CMg.

El punto de máximo beneficio es el punto donde IMg=CMg.
- Si IMg>CMg, entonces la cantidad aumenta porque se puede obtener más beneficio.
- Si IMg<CMg, entonces la cantidad disminuye porque producir más nos cuesta más que el beneficio que obtendremos por ello.

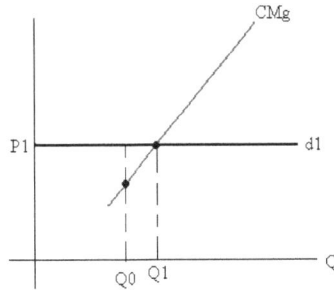

En un mercado perfecto, la empresa produce Q1, y no Q0, porque la última unidad producida le reporta menos de lo que podría. Al llegar a Q1, cualquier producción mayor nos costará más de lo que vamos a obtener por ella. Esto supone una reducción de beneficios. Si cambian las condiciones del mercado, se cambiará la producción.

Por lo tanto, la empresa siempre intentará situarse donde IMg=CMg. Podremos extraer entonces la siguiente gráfica:

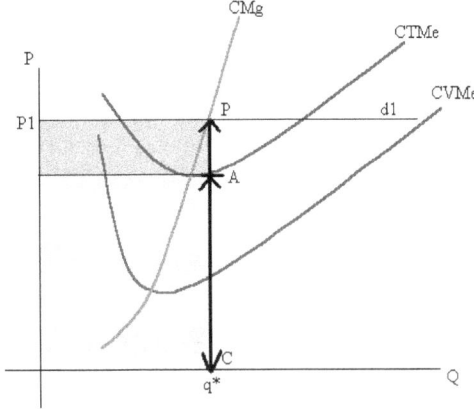

El área más oscura es el beneficio total de la empresa, mientras que el área más clara es el coste total. Como vemos, se vende a un precio que permite cubrir el coste total, y además obtener beneficios.

Con el precio P1 tenemos una curva de demanda d1. Por la regla anterior, la empresa (individual) producirá q*, y cada unidad producida cuesta en media la distancia AC. El ingreso medio por cada producto será la distancia PA. Y el beneficio será el ingreso/producto * todos los productos. Por lo tanto, tal y como está pintada la gráfica,

tendremos beneficios extraordinarios.

Lo que en realidad importa es el coste total:
- No importa la ganancia unitaria, si es baja o alta, sino el área ocupada, esto es, el área total.
- No siempre interesa situarse en el mínimo de CTMe, ya que eso podría significar tener menos beneficios totales (podría reducirse el área ocupada).

Supongamos este otro caso:

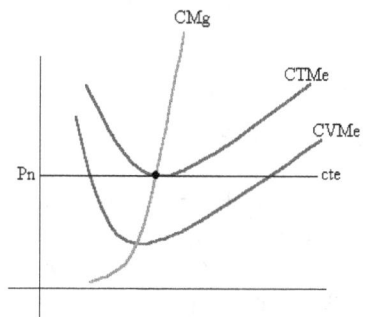

Ahora no existen ni pérdidas ni beneficios extraordinarios: estos serán beneficios normales (nulos).

El punto marcado en negro se denomina **punto de nivelación**, y es el punto de costes totales medios mínimos. A él estarán asociados un precio de nivelación y una cantidad de nivelación.

Y si lo que se impone es un precio inferior al de nivelación:

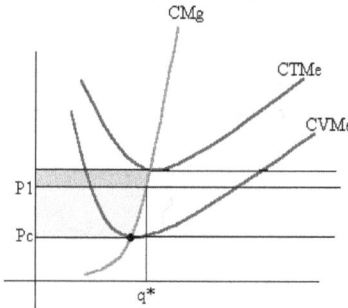

La zona más oscura son las pérdidas, y la zona más clara es el coste fijo total: si no se produce tiene pérdidas mayores que si produce, por lo que tratará de minimizar pérdidas. Pc es el precio de cierre: es el mínimo del CVMe, y en ese punto le será indiferente producir o no producir. El punto marcado es el **punto de cierre o mínimo de explotación**. La diferencia entre el precio de nivelación y el precio de cierre se llama coste fijo medio.

Si P<Pc, las pérdidas serían mayores que si dejara de producir: pérdidas>CF, por lo que habrá que cerrar (no dejar de producir, sino cerrar).

De todo este análisis hay dos cuestiones a destacar:
- Hay que analizar el coste marginal y el coste total.
- Los costes perdidos pertenecen al pasado. Cuando una empresa toma una decisión no tiene en cuenta los costes fijos. Una vez tomada una decisión, si los costes resultan ser mayores, a partir de ese punto no se pueden tomar decisiones fijándonos en los costes perdidos.

5.4. Oferta de la empresa

Las curvas de la oferta a corto plazo

Vamos a ver cuál es la curva de una empresa considerada individualmente.

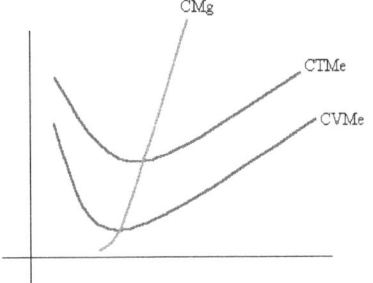

La curva de costes marginales es la curva de oferta de una empresa, ya que es la que relaciona la cantidad producida y el precio. Se considera la CMg desde su punto de cierre, ya que por debajo no se produce. Así que en esta gráfica sobraría la parte de la curva de costes marginales del punto de cierre hacia la izquierda.

Imaginemos un mercado compuesto por tres empresas A, B, C, cada una de ellas con las siguientes curvas de oferta:

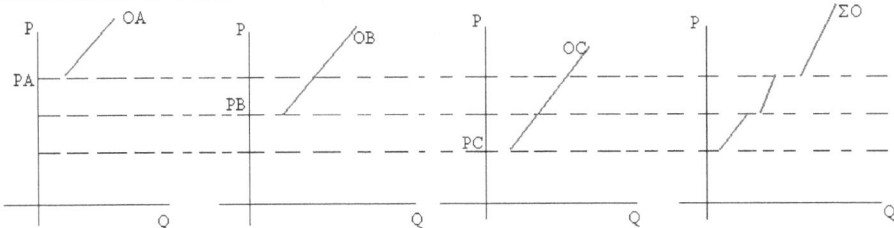

El resultado de la derecha del todo es que la oferta total es el resultado de la suma horizontal de todas las ofertas.

En función del tiempo considerado al hacer un estudio, las variaciones en la demanda van a tener distintos efectos sobre el precio:

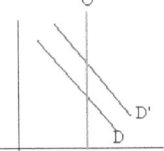

A muy corto plazo las ofertas son muy rígidas: no se pueden variar los factores considerados como variables.

A corto plazo será :

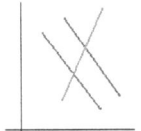

así a medio plazo :

y a largo plazo podrá llegar a ser así:

Las curvas de la oferta a largo plazo

La curva de oferta a largo plazo de una empresa coincidirá con la de costes marginales a largo plazo a partir del mínimo de la curva de $CTMe_L$ (punto de cierre).

A largo plazo, todas las empresas de ese mercado tienen acceso a adquirir el mismo capital, al mismo factor productivo... Por lo tanto, a largo plazo todas las empresas terminarán siendo iguales (tendrán iguales costes totales medios, costes totales marginales...). Y todas ofrecerán la cantidad que se demanda, al precio de mercado. Por ello, la línea de oferta a largo plazo es una línea horizontal.

5.5. Mercados competitivos y equilibrio

Supongamos dos empresas que, en el corto plazo, tienen estructuras de costes diferentes. Por ello, habrá empresas en el mismo mercado, unas con pérdidas y otras con beneficios (normales o extraordinarios). Si una empresa tiene beneficios extraordinarios, será una situación transitoria, ya que habrá otras empresas de otros sectores, o del mismo sector, que tienen pérdidas y que se pasarán al sector con beneficios extraordinarios. A medida que se incorporen más empresas, saldrá más producto al mercado, y se moverá la curva de oferta. Con ello se bajarán los precios, y se reducirán los beneficios extraordinarios.

En el largo plazo se buscará aprovechar la economía de escala, y por propia inercia las empresas intentarán situarse en el mínimo de costes a largo plazo. Por ello, se intentarán reducir costes para poder obtener más beneficio. Esto llevará a que se busque la eficiencia.

Y si existen pérdidas en un sector del mercado, algunas de las empresas de ese sector saldrán de él porque no obtienen beneficios, con lo que se reducirá la cantidad de producto en el mercado, y subirán los precios hasta que sean suficientes como para que el sector no tenga pérdidas.

CAPITULO 6: Los mercados de factores productivos

6.1. El mercado de trabajo

Los factores productivos no satisfacen bienes y servicios finales. Son comprados para ser transformados, y los factores productivos son tierra, trabajo y capital.

El desarrollo tecnológico ha hecho que el factor tierra sea menos importante y el capital más. Las empresas estarán interesadas en comprar estos factores productivos, ya que con ellos realizan productos para vender.

El mercado de factores productivos dependerá en última instancia de los bienes que se produzcan con dichos factores. La demanda de los factores productivos dependerá de la demanda de los bienes que se produzcan con ellos.

Como empresario contrataré factores productivos si lo que me cuesta, o el incremento de coste total que representa ese factor (esto es, el coste marginal del factor) es menor que lo que voy a obtener con la venta del producto que genero con dichos factores productivos (o la venta del incremento del producto). Es decir, si CMg<IMg.

La demanda de trabajo

Vamos a empezar por suponer todos los factores fijos menos el factor trabajo, que va a ser el factor analizado. Vamos a suponer también que la empresa vende lo que produce en un mercado competitivo, y que no es la empresa quien decide el salario de los trabajadores, sino que los precios y los salarios vienen impuestos por el mercado. Haremos un análisis del mercado en términos marginales. Si lo que aporta un trabajador adicional puede obtener un ingreso superior a lo que cuesta contratar dicho trabajador, entonces nos interesará contratarlo.

La empresa podrá vender en el mercado todas las unidades producidas, y al mismo precio. La curva del valor del producto marginal de un factor (V_{PMg}) vendrá dada por:

$$V_{PMg}=PMg*P$$

Dicha curva del valor del producto marginal será paralela a PMg pero más a la derecha. El V_{PMg} de un factor (trabajo) es el aumento que se produce en el ingreso cuando aumenta en una unidad el factor variable.

El empresario va a pagar a los trabajadores un salario que le impone el mercado. Por lo tanto, se pagará el mismo salario al primer trabajador contratado que al último:

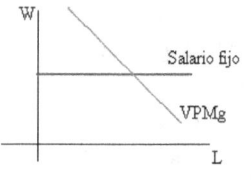

W simboliza el salario, mientras que L es el trabajo. Ahora se trata de ver la cantidad de trabajadores que contrataríamos. Contrataremos trabajadores hasta que el valor de lo que produce el último trabajador contratado sea igual a lo que le cuesta ese último trabajador contratado (punto donde se cortan el salario y el V_{PMg}). Si sigue contratando trabajadores, su salario será más caro que el precio que se paga por lo que producen.

Esta gráfica es la curva de demanda del trabajo, y enfrenta la cantidad de trabajo y el precio del trabajo (igual que las curvas Q-P que ya hemos visto).

En realidad, el V_{PMg} tiene la siguiente forma:

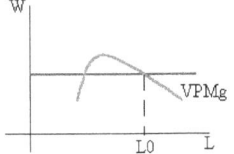

Nos interesa el corte que se produce en el tramo decreciente.

La oferta de trabajo

La oferta de trabajo será la suma de las ofertas individuales de los trabajadores. Suponemos que la oferta individual del trabajo depende del salario que se le ofrece (por más salario real trabajará más horas). El **salario real** significa que no importa la cantidad que se pague, sino lo que realmente se puede comprar con ese salario (los consumidores no tienen **ilusión monetaria**, no se dejan engañar por un salario de cifras altas si se pueden adquirir pocos bienes con él). Nos importará la relación W/P, no el salario nominal.

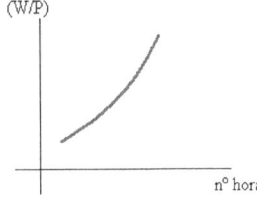

Cabe pensar que a mayor salario real, las personas están dispuestas a trabajar más. Pero trabajar más horas significa dejar de consumir tiempo de ocio, y a partir de ese punto se empieza a tener en cuenta la utilidad (recordar el efecto sustitución: sustituimos ocio por bienes y servicios). Por lo tanto, llegando a un cierto nivel empieza a aparecer el efecto renta: no compensa trabajar más horas y que se pague más, y tener que renunciar al ocio. Por eso, a partir de un cierto número de horas empieza a primar el efecto renta sobre el sustitución.

De esta forma resulta una curva de oferta individual como la siguiente:

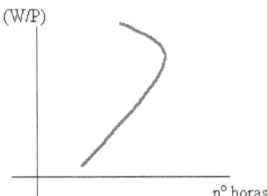

A pesar de que todo esto es muy discutido, se admitirá así.

Lo que ocurre con el mercado es que a nivel de sociedades este efecto desaparece, porque el número de personas dispuestas a trabajar depende de la población activa. Definimos **población activa** como el porcentaje de población de 16 a 64 años que está trabajando o en el paro. Esta dependencia significa que si suben mucho los salarios reales, parte de las personas que no eran ni parados ni ocupados se incorporarán al mercado de trabajo. La gráfica en la que se representan oferta y demanda de trabajo es igual que las anteriormente vistas, y el punto de cruce de ambas especificará el equilibrio.

La relación entre L y (W/P), y modificaciones dependen de la elasticidad de la demanda de trabajo:

- Será más elástica cuanto más fácil sea sustituir trabajo por otros factores: un grupo de trabajadores por otro, por capital (una máquina)…. Por ejemplo, es más fácil que suba el salario de un cirujano o el de un piloto que el de un camarero, porque es más fácil sustituir al camarero.
- Será más elástica también cuanto más elástica sea la demanda de los productos derivados de ese trabajo.
- Dependerá de la oferta de otros factores productivos.
- Y dependerá del peso del coste del trabajo en el coste total del producto. Si el peso es pequeño, más fáciles son los aumentos.

6.2. Los sindicatos de trabajadores y la negociación colectiva

El mercado de trabajo no es un mercado perfectamente competitivo: durante tiempo ha intervenido el Estado introduciendo regulaciones. La regulación se debe a que el Estado intenta ponerse de parte de los más débiles. Con esta regulación se persigue:

- Estabilidad en el empleo: duración mínima de contratos, causas de despido…
- Control de relaciones contractuales (por ejemplo, que aunque una persona quiera venderse como esclavo, y otra esté dispuesta a comprarlo, que esto no se pueda llevar a cabo).
- Regular las condiciones salariales: se fija un salario mínimo.
- Regular las causas de extinción de un contrato.

Con todo esto se puede ver que el mercado de trabajo no es un mercado libre.

Los trabajadores delegan parte de las negociaciones en los sindicatos porque el grupo hace más presión que el individuo. De la negociación de los sindicatos surgen los <u>convenios colectivos</u>, que tienen distintos alcances:

- Empresa
- una determinada rama laboral
- Industria
- …

En los convenios se negocian:

- Subidas salariales
- Horas laborables
- Horarios
- Condiciones de seguridad
- …

y todo ello se toma como referencia en los distintos sectores que intervienen en el convenio.

La empresa y los sindicatos parten de posiciones muy distintas, y llegan (o lo intentan) a un punto intermedio. El problema más general tratado son los salarios. Detrás de las subidas salariales está el "fantasma" de los precios: si aumentan los salarios, aumentan los precios, y así aumenta la inflación. Por lo tanto se debe controlar la subida de los precios controlando la subida de los salarios.

La firma de un convenio depende:
- Del poder que tenga cada parte
- De la importancia del sector en la economía
- De lo bien que marche la empresa
- De lo bien que marche la economía
- ...

Y los objetivos de los sindicatos dependen del tipo de sindicato. Los hay:
- Políticos o de clase: no representan a un sector concreto (como UGT o CCOO), y buscan objetivos más amplios.
- Profesionales: se centran en un sector.

Ambos tipos siempre buscan la subida salarial. Hay tres formas de conseguir la subida salarial:
1) Conseguir que la curva de oferta de trabajo se mueva hacia la izquierda, lo que significa que disminuye la oferta de trabajadores. Esto se puede hacer:
   - Reduciendo horas extras
   - Disminuyendo la población activa: aumentar la edad de escolarización, adelantar la jubilación...

2) Conseguir que la curva de demanda se desplace hacia la derecha. La curva de demanda de trabajo está relacionada con la curva de demanda del producto que se fabrica, así que esto se conseguirá si la población pasa a comprar más bienes y servicios, lo que se hace poniendo barreras a la importación, controlando precios...

3) Imponer un salario mínimo. Esta es una lucha que se ha hecho durante muchos años. No se cobra por encima del salario mínimo en aquellos trabajos que no requieren gran preparación, que es fácil entrar en ese mercado... Algunos argumentan que con el salario mínimo se beneficia a los que trabajan (aseguran un salario) a costa de aquellos trabajadores que están dispuestos a trabajar por menos.

6.3 Diferencias salariales y capital humano

Directamente relacionado con el problema salarial (diferencias salariales) está el capital humano. Las diferencias salariales en el mercado real son muy acentuadas, y esto tiene que ver con la preparación necesaria para llegar a un puesto de trabajo. Se define **capital humano** como la capacidad o potencial de obtener renta que tienen los individuos. Esto está relacionado con la formación de los individuos. Por eso se intenta aumentar el potencial de los individuos. En media se comprueba que a mayor nivel educativo, mayor potencial económico (retribución). Esto se debe a que:
- En muchas profesiones se requiere un mínimo de formación.

- Otras tantas necesitan una preparación específica. A mayor preparación específica, menor será la oferta de personas capacitadas para realizar ese trabajo. Aquí se aplica la **teoría del filtro**: se coge a personas con más preparación, no por la preparación, sino porque demuestran tener una gran capacidad de aprendizaje.
- La educación implica costes, directos y de oportunidad. Por ello, es una inversión de la que se espera recibir beneficio (un rendimiento mayor del que se invirtió).

Se supone que todo esto explica las diferencias salariales.

6.4. La renta de la tierra

Es un factor fijo en el sentido de que la cantidad disponible es muy difícil variarla.. La demanda de recursos naturales es derivada de la demanda de los productos que se obtienen de ella.

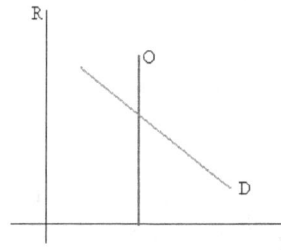

El precio de la tierra ahora se denomina la **renta de la tierra**. Si el precio de determinados alimentos sube, el valor de la productividad de la tierra también sube. Esto provoca que la demanda se desplace hacia la derecha, y todo el desplazamiento recaerá sobre la renta.

Hay tierras que sólo se pueden destinar a un cultivo, independientemente del coste de la tierra (sólo sirven para hacer una cosa). La diferencia entre la cantidad que se paga y la que se estaría dispuesto a pagar por ella, es la **renta económica**. Los factores fijos reciben una remuneración superior a los que se reciben si no fueran fijos.

Pero por debajo de un cierto precio no se estará dispuesto a producir:

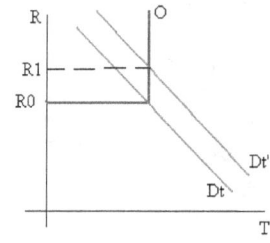

El precio del factor productivo depende el precio del producto que se obtenga con él.

6.5. Capital, rendimientos e intereses

Entendemos capital como capital físico, no financiero. El capital se divide en tres grupos:
- Equipo: máquinas, bienes de consumo duraderos, automóviles de una empresa...
- Estructuras: edificios, naves, construcciones...
- Existencias: bienes producidos y almacenados.

El stock de capital puede aumentar o disminuir. Aumentará mediante inversión, y disminuye cuando se produce un proceso de depreciación. Si una empresa no renueva su capital viejo, no estará mejorando su capacidad de producción en el futuro.

Para un individuo que ahorra, surge el problema de cómo invertir lo ahorrado. El individuo comparará los rendimientos de ambas inversiones, y buscará qué inversión le proporcionará una mayor **tasa del rendimiento del capital**.

Los individuos que ahorran no canalizan sus ahorros hacia una empresa: adquirir parte de una, o crear una empresa. El ahorro se lleva al sistema financiero (bancos...), que da un interés. Y es ese sistema financiero el que invierte en empresas. A los individuos, por su ahorro, se les da un **tipo de interés**, que es el rendimiento anual de los fondos prestados, medido en tanto por ciento. Existen muchos tipos de interés, como por:
- El riesgo: es la prima de riesgo, es decir, que invierto sin saber si me van a devolver el dinero prestado. Por eso, el tipo de un crédito hipotecario es menor que un crédito personal.
- Los plazos: tienen distintos periodos de tiempo para pagarlo.

También debemos tener en cuenta el **TAE** (Tasa Anual Equivalente), que nos dice, de cada 100 Eurps prestados el 1 de enero, cuánto me costarán el 31 de diciembre de ese año. No es lo mismo un 8% cada mes, que un 8% cada seis meses.

El **interés nominal** nos dice cuánto va a incrementarse una inversión en cantidades monetarias:

(Interés nominal) - Inflación = Interés real

Una inversión al 4%, con una inflación del 3%, sólo nos va a dar un 1% más que antes.

6.6. La determinación del tipo de interés

La demanda de capital

Los tipos de interés tienen dos funciones fundamentales:
- Ser un incentivo para el ahorro.
- Instrumento para racionar el ahorro: si el interés es 0%, todo el mundo pide prestado porque no cuesta nada el dinero, por lo que habrá que racionar.

La oferta de capital

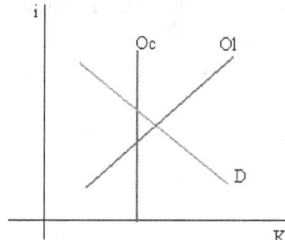

La oferta de capital es fija a corto plazo. Si el rendimiento es alto, más gente buscará ofrecer capital, por lo que a largo plazo será variable.

Equilibrio a corto y a largo plazo

El equilibrio vendrá dado por el cruce entre las curvas de oferta y demanda:

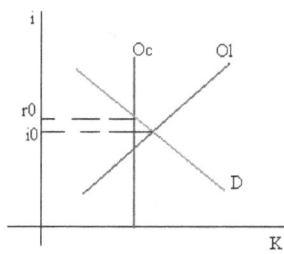

A corto plazo, el rendimiento del capital es r0. Si i0 es el interés que dan los bancos, entonces es más rentable dar capital a las empresas que dar a los bancos. Por lo tanto se ofrecerá capital a las empresas, y la curva de oferta se desplazará a la derecha, con lo que r0 disminuirá, hasta que r0=i0.

Cuando han bajado los tipos de interés, se han buscado alternativas de inversión de otros tipos: se ha pasado de la renta fija (como bonos estatales) a la variable (acciones de bolsa).

Hay que tener en cuenta que puede que un r0 del 8% puede ser equivalente a un i0 del 3%, porque a r0 hay que incluirle la prima de riesgo que no tiene i0.

A largo plazo, que todos los factores son variables:

$$\left. \begin{array}{l} P*PMgL=W \\ W \\ P*PMgK=i \\ P*PMgT=r \end{array} \right\} \Rightarrow \frac{PMgL}{W}=\frac{PMgK}{i}=\frac{PMgT}{r}=\frac{1}{P}$$

Y esto es lo que se debe cumplir a largo plazo.

Si tenemos dos factores L y K:

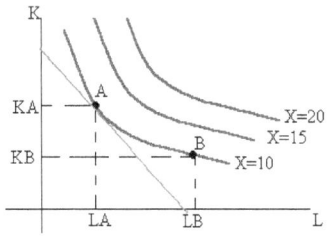

Cuanto más tengamos de ambos factores, más producimos. X es la cantidad de producto que se puede obtener con distintas combinaciones de L y K. Las curvas se llaman <u>curvas isocuantas</u> (de igual cantidad).

Para producir la cantidad X, elegiremos la combinación más barata. En función de los precios de los factores podremos representar la <u>recta isocoste</u> (es equivalente a la recta de balance de un consumidor). La combinación óptima de factores será aquella donde los precios de los factores sean iguales a la pendiente de la recta isocoste y la pendiente de la recta tangente a la curva isocuanta (punto A).

Cualquier otra combinación, o no es posible, o es más cara (equivalente a la recta de balance y curvas de indiferencia).

Nociones sobre contabilidad de la empresa

Cualquier empresa genera gran cantidad de información. La contabilidad se encarga de ordenar y estructurar esa información. La contabilidad sirve para:
- Tomar decisiones
- Dar a conocer el estado de la empresa

Y esto se recoge en dos documentos: el de **balance** y la **cuenta de resultados**.

El **balance** relaciona todo lo que la empresa tiene y todo lo que debe. Es decir, que resume de dónde provienen los ingresos de la empresa y a dónde van las inversiones.
<u>Activo</u>: A qué se ha destinado lo que tiene la empresa.
<u>Pasivo</u>: Fuentes de financiación.
Se debe cumplir que activo=pasivo.

El activo se ordena según liquidez creciente (la liquidez es la rapidez con que se puede obtener capital monetario de ese bien). Y el pasivo se ordena según exigibilidad creciente (primero las deudas de más largo plazo).

El inmovilizado son las inversiones de la empresa de carácter permanente (a largo plazo).

Activo circulante = (Realizable condicionado) + (Realizado cierto) + (Disponible). Es lo que la empresa acaba convirtiendo a dinero.
Activo fijo = Inmovilizado.

Se suele considerar: Corto plazo: menos de un año
Medio plazo: de 1 a 5 años
Largo plazo: más de 5 años.

La financiación a corto plazo es el pasivo circulante = (acreedores financieros) + (acreedores comerciales).
Financiación a largo plazo es el pasivo fijo (la suma del resto).

En una empresa debe haber una relación activo (fijo y circulante) y pasivo (fijo y circulante): debe suceder que (activo fijo) < (pasivo fijo) y (activo circulante) > (pasivo circulante), para que funcionen las cosas (recordar que activo=pasivo).

La cuenta de resultados (o cuenta de pérdidas y ganancias) busca cuál ha sido el beneficio o las pérdidas de la empresa.

CAPITULO 7: El papel del Estado en la economía

7.1. ¿Qué o quién es el Estado?

Las competencias del Estado han cambiado de un tiempo a esta parte:
- La emisión de moneda ha pasado de proceder de los bancos al Estado.
- El servicio de correo pasa de Correos y Telégrafos en su totalidad, a empresas privadas en parte.
- ...

Al consumidor no le importa tanto quién satisface necesidades como que se satisfagan bien.

El peso del Estado cambia mucho según las épocas y los países. En los años 30 a 70 el papel del Estado era muy importante, pero a partir de los 70 el Estado empieza a perder peso con las privatizaciones y liberalizaciones.

¿Qué distingue al sector privado del sector público?

En España hay una gran cantidad de organismos del sector público. Para distinguir público y privado seguiremos dos criterios (en un entorno de democracia):
- Detrás de un cargo público ha habido un proceso de elección de la persona que ocupa el cargo.
- El Estado tiene derechos que el resto de empresas no tienen: derecho de compulsión (obligar a las personas a hacer cosas que no quieren hacer: expropiaciones, impuestos, servicio militar...); restricción de actividades de los individuos (por ejemplo, venderse como esclavo)...

Por ello el estado va a ser capaz de realizar actividades que los individuos de forma aislada no van a ser capaces de hacer. Además, el Estado se autorregula en sus funciones.

7.2. Motivos de intervención del Estado en el sector público

Algunos de los motivos principales son:
- El mercado produce mucho de unas cosas y poco de otras.
- Distribución de la renta
- Ignorancia del mercado
- ...

Reasignación de los recursos:

La renta no tiene por qué repartirse equitativamente entre la población, aunque el mercado vaya bien. Por eso es necesaria la redistribución, que se pone en práctica mediante el Impuesto sobre la Renta. Esta redistribución tiene muchos puntos flojos.

Fallos del mercado

A veces el mercado no cumple el papel que le hemos asignado, y se pide al Estado que intervenga. Esto se hace para estabilizar la economía cuando hay altas inflaciones y alto nivel de paro.

Hay quien piensa que el Estado no debería intervenir, puesto que, como hemos visto, el mercado llegará al equilibrio él sólo. Pero hay que pensar si la sociedad puede pagar la espera a ese equilibrio.

Externalidades

Se dan cuando una empresa o persona realiza una actividad que afecta a otra empresa o persona, y por las que ni paga ni recibe compensación. Las externalidades pueden ser positivas o negativas. Por ejemplo, una emisión de humos no es compensada a la sociedad.

Bienes públicos

Pueden considerarse casos extremos de externalidades positivas. Un bien público es aquel que un individuo puede disfrutar sin que le cueste nada, y de cuyo disfrute es muy difícil excluirle. Por ejemplo, la defensa (ejército). Los bienes públicos incrementan el bienestar de la sociedad.

Existen muy pocos bienes públicos puros (aquellos que suministrarlos a un individuo o más tiene un coste nulo, y además es imposible impedir que alguien lo disfrute).

El mercado por sí solo proporciona muy pocos bienes públicos, así que se le piden al Estado. El mercado generará un bien público, por ejemplo, si un gran armador construye un faro para su uso, los demás podrán usarlo. Al que disfruta de un bien "de gorra" se le denomina parásito o *free rider*.

Normalmente el Estado construye un bien público, y luego cobra por su uso, ya que si se dejara al mercado hacer estas cosas, siempre aparecerán parásitos.

Bienes preferentes

Hay muchos bienes que ofrece el mercado, pero no en la cantidad suficiente. El Estado puede considerar que es así, y que se necesita más cantidad de algún bien.

Corregir ineficiencias

La dinámica del mercado lleva a que algunos bienes los ofrezcan muy pocas empresas, y casi es un monopolio. O justo al revés, que la mejor forma de ofrecer es que lo ofrezca una sola empresa (por ejemplo, las redes de distribución de electricidad o teléfono).

Por lo tanto, habrá que controlar esto para que no se convierta en monopolio, y ahí es donde interviene el Estado, corrigiendo esas ineficiencias.

7.3. Opciones del Estado

El estado tiene distintas opciones para intervenir en la economía:

Intervenir directamente: Si existe un fallo, decide hacerse cargo de la situación (ofrecer, limitar, comprar al privado para ofrecer público...).

Ofrecer incentivos al sector privado: De esta forma actúa "a distancia". Puede penalizar o abaratar determinados bienes.

Obligar al sector privado a realizar una actividad

Combinar opciones: Es la manera más habitual de hacer las cosas.

CAPITULO 8: Análisis de la renta nacional

8.1. La perspectiva macroeconómica

Macroeconomía es una visión global de la economía: algo más que los individuos.

8.2 El producto nacional

Para medir las variables macroeconómicas está la contabilidad nacional. Se encarga de medir la actividad económica que ha tenido lugar en un país en un periodo de tiempo determinado (normalmente un año). Con ella intentamos registrar todas las transacciones de los agentes económicos en un periodo de tiempo. Entre todas las variables manejadas, la más importante es el PNB (Producto Nacional Bruto), que mide el valor de los bienes y servicios finales generados en una economía en un periodo de tiempo. Para medir este PNB, utilizamos el **flujo circular de la renta**.

En una economía existen infinidad de unidades de consumo (economías domésticas) e infinidad de empresas, así que vamos a hacer simplificaciones:
* No hay relaciones con el extranjero.
* Las empresas sólo venden a consumidores finales.
* No hay sector público.

Y de aquí ya podemos derivar el flujo circular de la renta:

Las economías domésticas son los dueños de los factores productivos. En una economía se producen dos tipos de relaciones entre agentes económicos. Las líneas continuas representan un flujo real de bienes, y la línea discontinua representa un flujo monetario. Con esta representación se puede llegar a otra conclusión: podemos medir el PNB de varias formas:
* Una economía doméstica nunca podrá sacar más de lo que entra.
* El dinero que entra a la empresa deberá ser igual a los bienes y servicios ofrecidos.
* …

Podremos medir el PNB de tres formas:
* Sumar todo lo que tienen las economías domésticas.
* Sumar lo que gastan las economías domésticas.
* Sumar los bienes y servicios ofrecidos por las empresas.

Las tres formas son equivalentes. Como estamos hablando de bienes y servicios finales, hay que hacer algunas matizaciones:

- Sólo se incluye en el PNB lo que circula por el mercado, con lo que deberá haber un precio de por medio. Entonces, ¿se incluye la compraventa de segunda mano en ese PNB? La respuesta es negativa, ya que si lo contabilizamos, lo estaríamos haciendo dos veces: cuando se compró, y cuando se recompra, y seguimos teniendo un solo bien.
- Para valorar, multiplicamos precios por cantidades. Aquí hay un problema: si en dos años distintos tenemos:

$$(Q=1.000) \times (P=100) = 100.000 \text{ , (en un año)}$$
$$(Q=800) \times (P=200) = 160.000 \text{ , (en el otro año)}$$

el PNB del segundo año sería mayor aunque se produzca menos, con lo que los precios dispares podrán distorsionar las cantidades. Por eso siempre es mejor que crezcan las cantidades que los precios.

Este problema aparece porque estamos usando **precios corrientes** (los precios del momento), y tenemos distintos precios en distintos años. Deberemos comparar a **precios constantes** (un solo precio para los dos años, aunque no sean los reales para alguno de los años).

También para solucionar el problema usamos **índices de precios**: se valoran los efectos de la modificación de los precios mediante el cálculo de la inflación. Se mide cada año con sus precios, y se ajustan cantidades con el índice de precios.

8.3. Del producto nacional al producto interior

Producto Nacional Bruto y Neto

PNB=C+IB+G, donde C es el gasto familiar (consumo); IB es la inversión en las empresas; G es el gasto del estado (gastos generales). IB es lo que compran todas las empresas (inversión bruta), por lo que rompemos la hipótesis de partida. No se contabiliza una materia prima que se emplea para producir bienes y servicios finales. Parte de ellos son factores productivos (una máquina, por ejemplo). En el precio se incluye lo que ha costado la materia prima.

Si tengo 15 máquinas, se estropea 1 y compro 2, sólo he incrementado el PNB en 1. Esto es por efecto de la depreciación: IB=IN+D (inversión neta + depreciación: inversión para recuperar lo perdido).

Entonces PNN (producto nacional neto)=C+IN+G; PNN=PNB-D

Es muy difícil medir el PNN, pero esto sería lo correcto en lugar el PNB.

Producto Nacional a Precios de Mercado o al Coste de Factores

El Estado realiza dos tipos de gastos: G=gastos de consumo, o gastos a cambio de obtener bienes y servicio. Y Tf (transferencias), que son gastos a cambio de nada (subvenciones, becas, pensiones…), es decir, que no tienen contrapartida. Además, el Estado tiene ingresos a través de impuestos. Los impuestos son de dos tipos:
- Directos (Td): como el Impuesto sobre la Renta, el Impuesto sobre el Patrimonio…
- Indirectos (Ti): por el tabaco, el alcohol, el IVA…

El PNN tenía como base el precio de mercado, que tiene incorporados los impuestos en la fabricación, y restadas las subvenciones. Entonces:

$$PNN_{pm}-Ti+Sb=PNN_{cf}$$

donde PNN_{pm} es el PNN a precio de mercado; Sb son las subvenciones; y PNN_{cf} es el precio al coste de los factores, es decir, el precio real por la utilización de los factores productivos. Este PNN_{pm} es el que deberá ser igual a las rentas que se pagan a los factores productivos.

Producto Nacional y Producto Interior

Al considerar el mundo exterior, distinguiremos PNB (Producto Nacional Bruto) y PIB (Producto Interior Bruto). Se diferencian principalmente en que el PNB tiene que ver con la propiedad de los medios de producción, y el PIB con el lugar donde se producen los bienes finales:
- Se define el PNB como los bienes y servicios finales producidos por todos los factores pertenecientes a una economía, independientemente de dónde se producen. Por ejemplo, se cuenta dentro del PNB español lo generado por una empresa española que realiza un trabajo en Alemania.
- Se define el PIB como lo producido dentro de las fronteras de un país independientemente de la propiedad de los factores productivos. Por ejemplo, la misma empresa de antes contaría dentro del PIB alemán.

PNN=PIB-RRE+RRN, donde RRE son las rentas de residentes extranjeros dentro del país; y RRN son las rentas de residentes nacionales fuera del país. Entonces definimos:

$$PIB_{pm}=C+IB+G+X-M$$

donde C es el consumo doméstico; IB la inversión bruta; G el gasto del estado; X exportaciones; M importaciones.

Muchos de los productos adquiridos por C, IB o G vienen del extranjero. De ahí que se reste M, puesto que está consumido dentro, pero no producido dentro. Reescribiendo esto:

$$M+PIB_{pm}=C+IB+G+X$$

El sumando de la izquierda es la oferta total de producto salido al mercado, y el de la derecha es la demanda total (lo que se ha comprado).

8.4. La renta nacional

La renta personal

También se puede enfocar la economía desde el punto de vista de lo adquirido por los factores productivos (economías domésticas). Las fuentes de financiación de los factores productivos son cuatro:

- Salarios
- Rentas de la tierra
- Intereses
- Transferencias del Estado.

Éstas son las rentas de las economías domésticas. Definimos Y como la renta nacional:
Y=(Salarios)+(Rentas)+(Intereses)+(Transferencias)

$$Y=PNN_{cf}=PNN_{pm}-Ti+Sb$$

Para obtener la **renta per cápita** se divide la renta nacional entre el número de habitantes.

No toda la renta llega a los dueños de los factores productivos. La que llega es la que realmente nos da la capacidad de compra de los individuos. No llega a los individuos:
- Los beneficios de una empresa que no se distribuyen (Bnd)
- Las empresas pagan impuestos sobre sociedades, que no llegan a los individuos, Tb.
- Cotizaciones a la Seguridad Social (Css).

Pero sí que llegan las transferencias del Estado al individuo (Tf), y las transferencias del exterior (incluidas en Y; son TRe: dinero que se envía desde el extranjero). Entonces la igualdad ahora es:

$$Y-Bnd-Tb-Css+TRe=RP=\text{Renta personal}$$

La **renta personal** es la renta que efectivamente reciben las personas.

La renta disponible

Todo lo que se recibe no se puede gastar. A lo que se recibe se debe descontar los impuestos directos. Así que ya queda la RD, o **renta disponible** con la que se pueden hacer dos cosas, y sólo dos: consumo o ahorro: C+S=Yd

- Vamos a empezar suponiendo que no existe ni sector público ni exterior:
  PNN=RNN (renta nacional neta)⇒IN(inversión neta)+C=C+SN (ahorro neto).

De aquí se deduce que

$$IN=SN$$

es decir, que en una economía en equilibrio, el ahorro debe ser igual a la inversión. La inversión de las empresas debe ser financiada con el ahorro del individuo.

- Si ahora incluimos al Estado:

$$C+IN+G=C+SN+T \Rightarrow SN = IN + (G-T)$$

a G-T se le llama déficit público. Entonces ahora el ahorro sirve para dos cosas:
1. Financiar la inversión de las empresas.
2. Financiar al Estado: para que los individuos financien al Estado, éste deberá ofrecer mejor interés que las empresas.

- Y ahora añadimos al sector exterior:

$$C+IN+G+X-M+RRN-RRE=C+SN+T-TRE$$

La **balanza por cuenta corriente** es el saldo que surge de los intercambios que una economía hace con el extranjero, y se expresa por SBCC=X-M+RRN-RRE+TRE, y expresa el déficit con el exterior. Entonces se simplifica la expresión a:

$$SN = IN + (G-T) + SBCC$$

CAPITULO 9: La demanda agregada y la producción de equilibrio (la determinación de la renta nacional)

9.1. Componentes de la demanda agregada

Partimos de la expresión del CAPITULO anterior:

$$C+I+G+XN=Y=C+S+(T-TR)$$

que quiere decir que la demanda agregada es igual a la demanda total de bienes y servicios. XN es el resultado de exportaciones - importaciones. Y la expresión para la renta, suponiendo que no hay sector público ni sector exterior será: $Y=C+I=C+S$. Suponemos que Y expresa el valor real de la renta, y los precios son constantes, sin variaciones.

La función de consumo y la función de ahorro

Dentro de la demanda agregada, el consumo es la parte más importante, y es estable. El consumo depende de la renta: a mayores niveles de renta real, mayores niveles de ahorro.

$$C = \overline{C} + c \cdot Y, \quad \text{donde } \overline{C} > 1, \ 0 < c < 1$$

$\overline{C}$ es el consumo autónomo independiente de la renta (la gente necesita comer...).
$C \cdot Y$ es la componente dependiente de la renta, y a **c** se le denomina propensión marginal al consumo. Si, por ejemplo, c=0.8, si la renta crece 100 unidades, el consumo crece 80 unidades.

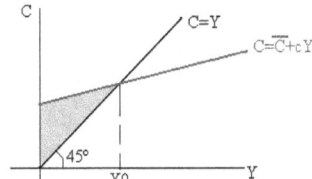

Para niveles bajos de renta, el consumo es superior a la renta, y el ahorro será negativo (S<0; parte sombreada de la gráfica). Y para niveles de renta altos, el consumo es inferior a la renta (S>0). Si C=Y, S=0 (no hay ahorro).

La función de ahorro no existe, planteada de la manera que se planteó la función de consumo. Ahora la función de ahorro viene determinada por la función de consumo, ya que lo que no se consume se ahorra: S=Y-C; $S=Y-\overline{C}-cY$, por lo que $S=-\overline{C}+(1-c)Y$.

Todo esto es estudiado en un entorno nacional, por lo tanto estamos hablando de millones de personas.

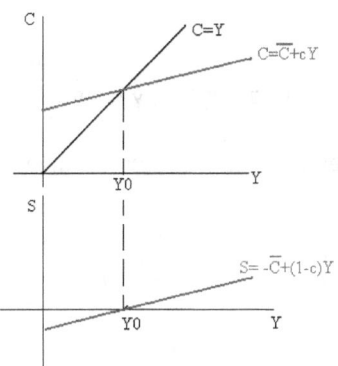

1-c es la **propensión marginal al ahorro**. El ahorro se tiene que plantear como una función residual de la función de consumo.

La demanda de inversión

La inversión es una variable muy inestable que depende de muchas cosas: de los intereses que den el Estado y las empresas; de expectativas; de cómo vaya la economía... Por ello, dar una función de inversión resulta complicado.

9.2. La determinación de la renta de equilibrio

La demanda agregada es DA=C+$\overline{I}$. Llamamos demanda agregada a lo que la economía va a demandar. Supondremos inversión autónoma (constante), para facilitar las cosas:

$$DA=\overline{C}+c\cdot Y+\overline{I} =(\overline{C}+\overline{I})+c\cdot Y=\overline{A}+c\cdot Y$$

Esto lo podremos representar gráficamente:

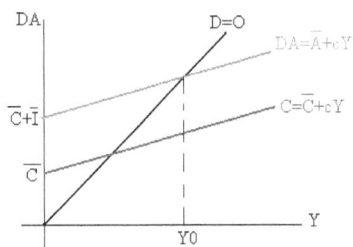

Ambas rectas de color son paralelas, y la diferencia entre ellas representa el ahorro que va destinado a la inversión. Estará en equilibrio cuando D=O, que coincide con la totalidad del gasto.

Para Y=Y0, DA=producción (DA=Y), y esto significa el equilibrio. Si se produce menos, se demanda más de lo que se produce, por lo que las existencias salen al mercado, y como se reducen se intentará aumentar la producción. Si, por contra, se demanda menos de lo que se produce, el exceso de producción irá a las existencias, que crecerán, y provocarán una disminución de la producción.

Por lo tanto, siempre volveremos al equilibrio. En esta situación de equilibrio, DA=Y, por lo que Y0=$\overline{A}$+c·Y0, con lo que:

$$Y0 = \frac{1}{1-c}\overline{A}$$

Para mayor componente autónoma, mayor será el producto agregado, y cuanto mayor sea la propensión al consumo, mayor será la renta de equilibrio.

Se puede comprobar que el punto de equilibrio es en el único donde ahorro e inversión coinciden.

9.3. El aumento de la demanda agregada: el multiplicador

Si $=\overline{A}$ aumenta en una unidad, queremos ver cuánto tiene que crecer el producto nacional para satisfacer esa necesidad. El crecimiento dependerá de la propensión marginal al consumo.

Periodo	Δ(DA) ese año	Δ producción ese año	Δ total de la renta
1	$\Delta\overline{A}$	$\Delta\overline{A}$	$\Delta\overline{A}$
2	$c\cdot\Delta\overline{A}$	$c\cdot\Delta\overline{A}$	$\Delta\overline{A}+c\cdot\Delta\overline{A}$
3	$c^2\cdot\Delta\overline{A}$	$c^2\Delta\overline{A}$	$(c^2+c+1)\cdot\Delta\overline{A}$
...	...	...	...
			$(c^n+...+c^2+c+1)\cdot\Delta\overline{A}$

El incremento total será la suma de todos los periodos, es decir, $\dfrac{1}{1-c}$. Entonces $\Delta Y = \Delta DA = \dfrac{1}{1-c}\Delta\overline{A}$.

A $\alpha=\dfrac{1}{1-c}$ se le denomina **el multiplicador**: la producción crece más de lo que crece la demanda. Este multiplicador está directamente relacionado con la propensión a consumir (c). Por ejemplo, si c=0.6 (se gasta el 60%), entonces α=2.5 (la producción se multiplica por 2.5). Y si pasamos a c=0.8 (no es un salto grande), entonces α=5. Es decir, que un pequeño incremento del consumo produce grandes incrementos de producción.

9.4. El producto potencial y la paradoja de la frugalidad

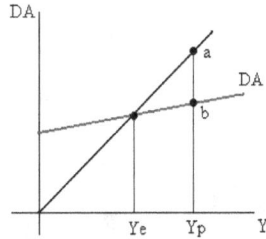

Estar en un punto de equilibrio Ye no significa que los recursos estén aprovechados al 100%. Las necesidades están satisfechas, y no se producirá más porque no se venderán. Pero no necesariamente habrá una situación de pleno empleo de recursos.

Puede que el 100% de aprovechamiento se alcance en el punto Yp (**renta potencial**). Ahí se llega aprovechando más los factores productivos. La renta potencial es aquello que se puede obtener si se usan los recursos al 100%. Si estamos en Yp, habrá un exceso de oferta. Por ello, la única forma de llegar a Yp es que intervenga una política fiscal, y desplace la recta de DA hacia arriba.

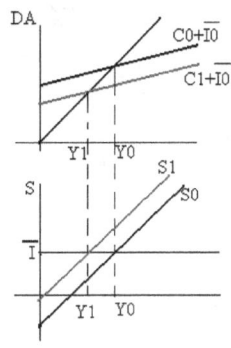

Imaginemos que por cualquier motivo se reduce el consumo, y se fomenta el ahorro. Entonces la curva de DA irá hacia abajo, lo que significa un menor nivel de producción. Si los niveles de producción se reducen, habrá menor nivel de contratación, menores rentas, y finalmente se reducirá el nivel de ahorro a S1. No obstante seguirá habiendo la misma inversión $\overline{I}$.

Esto es lo que se conoce como la **paradoja de la frugalidad**: el ahorro es una virtud individual, a un gran nivel va a ser incluso contraproducente, ya que se va a mantener el ahorro global, mientras que disminuirá la producción.

Pero si no hay ahorro suficiente, la empresa privada no tendrá de dónde mantenerse y puede ser peor. Por eso necesitamos un equilibrio.

CAPITULO 10: El presupuesto y la política fiscal

10.1. La renta de equilibrio

Al meter el sector público en la economía, afecta de diversas formas a la renta. Con el sector público, DA=C+I+G. En realidad, el consumo ya no es una función de la renta: C=$\overline{C}$+c·Y, sino que ahora es una función de la renta disponible: C=$\overline{C}$+c·Yd. Entonces la expresión del consumo quedará:

$$C=\overline{C}+c(Y+TR-T)$$

donde TR son las transferencias del Estado.

Supondremos que el gasto público es constante y autónomo: $\overline{G}$; que las transferencias son también constantes y autónomas: $\overline{TR}$; y que los impuestos son proporcionales a la renta: T=t·Y. Con todo ello la función de consumo nos quedará:

$$C=\overline{C}+c\cdot\overline{TR}+c\cdot(1\text{-}t)\cdot Y$$

que es una expresión bastante ajustada a la realidad. De acuerdo con esto, la DA queda:

$$DA=\overline{C}+c\cdot\overline{TR}+\overline{I}+\overline{G}+c\cdot(1\text{-}t)\cdot Y$$
$$DA=\overline{A}+c\cdot(1\text{-}t)\cdot Y$$

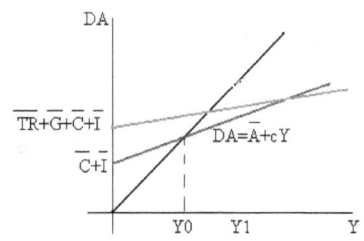

Esta gráfica muestra una situación de equilibrio (recta azul). Si aumentamos el consumo autónomo con $\overline{TR}$ y $\overline{G}$, y hemos reducido la pendiente, ya estamos en el caso con sector público. Así que en equilibrio ahora se dará:

$$Y=DA=\overline{A}+c\cdot(1\text{-}t)\cdot Y$$

Como el equilibrio está en Y1:

$$Y1=\frac{1}{1-c\cdot(1-t)}\overline{A}$$

Como se puede ver, ahora el multiplicador ha cambiado y es menor que antes: α=$\frac{1}{1-c\cdot(1-t)}$. Por lo tanto, se atenúan los efectos en la producción por una variación de la propensión a consumir, y ello es debido a los impuestos. Por ejemplo, si c=0.8, y t=0 (no tenemos impuestos), entonces α=5; pero si t=25%, entonces α=2.5.

10.2. Instrumentos de la política fiscal

La política fiscal es el manejo de los ingresos y los gastos, independientemente del tipo de ingreso o gasto que sea. Los instrumentos de la política fiscal son los ingresos públicos y los gastos públicos.

Ingresos públicos

Es todo lo que se recibe del sector público. Hay dos tipos:

- Ingresos originarios: El Estado obtiene ingresos cuando emplea las vías del mercado (igual que cualquier otra empresa).
- Ingresos derivados o tributarios: Los obtiene utilizando el poder coactivo de que dispone. Hay cuatro tipos:
    1. Tasas: Lo que hay que pagar por la utilización de un bien público (como las tasas universitarias).
    2. Contribuciones especiales: Cuando el sector público realiza una actividad que favorece más a un colectivo que a otro.
    3. Cotizaciones sociales: Cantidades de trabajadores y empresarios que pagan por tener derecho a asistencia sanitaria...
    4. Impuestos: Suponen el 80-85% del total de ingresos públicos. Son de pago obligatorio. El ciudadano que los paga no obtiene nada a cambio de forma directa (ésta es la diferencia fundamental respecto a los anteriores). Hay dos tipos de impuestos:
        I. Directos: Aquellos que recaen sobre el patrimonio o la renta de los individuos, y se pagan directamente a Hacienda (por ejemplo el Impuesto sobre la Renta).A su vez, estos impuestos directos pueden ser:
            a) Progresivos: Crecen más que proporcionalmente a lo que crece la renta.
            b) Regresivos: Al contrario que los anteriores.
            c) Proporcionales: Crecen proporcionalmente a la renta (se paga un % de lo que se   tiene).

        II. Indirectos: Gravan el intercambio de bienes y servicios (por ejemplo, el IVA). Se pagan al comprar un producto.

Con los impuestos se tiene el problema de repartir la carga tributaria entre los distintos individuos. Existen dos criterios a la hora de cobrar impuestos:
- Capacidad de pago: paga más el que más tiene.
- Beneficio: cada uno contribuye según el grado de disfrute que hace de los servicios del sector público.

Hay que hacer primar uno de los criterios, y ahí surge una discusión política. A la hora de determinar la carga tributaria óptima a los ciudadanos, hay que tener en cuenta la **curva de Laffer**:

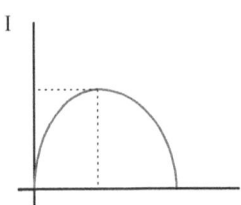

Esta es la curva de Laffer, donde I son los ingresos del Estado, y t el tipo impositivo que se aplica. Llegados a un punto (tm, Im), el Estado deja de ingresar proporcionalmente. tm es el tipo impositivo máximo, que es el tipo que da el ingreso máximo. Lo que nos dice la curva es que si se suben los impuestos en exceso, llegará un momento en que a la gente le interese más no trabajar, por lo que el Estado empezará a ingresar menos. El problema radica en saber en qué punto de la curva se encuentra una economía, para saber si podemos o no subir los impuestos, recaudando más.

Las estructuras impositivas de los países suele cambiar mucho de unas épocas a otras, según el grado de desarrollo de un país. En un país desarrollado la mayoría de los ingresos vienen de los impuestos directos. Y en los países no tan desarrollados, lo ingresos provienen de impuestos indirectos, sobre los bienes de consumo inmediato, ya que es difícil llevar un censo y un control de los ingresos. Esto último supone que los que más tienen, menos pagan proporcionalmente, por lo que se trata de un tipo impositivo regresivo.

Gastos públicos

Todas las economías occidentales han venido caracterizadas por el incremento de los gastos públicos. Como el Estado ha ido interviniendo más, se van produciendo más gastos públicos. Para clasificar el gasto público existen dos criterios:

- Criterio funcional: se clasifican los gastos según áreas (normalmente las áreas son los ministerios).
- Criterio económico: según los tipos de compras y transferencias, independientemente del área al que pertenecen.

Cuando el Estado gasta, compra bienes y servicios, por lo que hace demanda directa al mercado. En cambio, con las transferencias, que no son compras directas, incrementan la demanda, pero indirectamente, ya que el Estado no recibe nada a cambio de ellas. Con las transferencias se cambia la estructura de la demanda: se aumenta la capacidad de gasto de un sector, a costa de disminuir la de otro sector (por ejemplo, los parados y jubilados aumentan su capacidad de gasto a costa de los trabajadores que cotizan).

Los pagos por intereses también se han incrementado últimamente dentro de los gastos públicos.

Se plantea el dilema de si el presupuesto debe o no debe estar equilibrado (¿se puede o no gastar más de lo que se ingresa?). Hace unos años no se podía, pero con la intervención del Estado ya se acepta: se admite un presupuesto desequilibrado. Si hay déficit, se invertirá aunque se gaste más, y cuando haya superávit, y la intervención del Estado haya surtido efecto, los beneficios compensarán las pérdidas anteriores.

10.3. La política fiscal activa

El que crezca el PNB no tiene por qué significar que crezca el empleo. Se busca la forma de, a través de los ingresos y gastos, hacer variar la renta de equilibrio.

Efectos de una variación de las compras del sector público

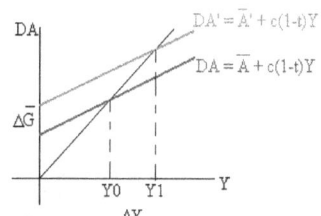

- 83 -

Partimos del equilibrio, y se produce un $\square\overline{G}$ que implica un $\Delta\overline{A}$. Por lo tanto, la recta de DA se moverá hacia arriba, y ahora será DA'. Esto supone poner en marcha más producción del sector público.

El ΔY que esto provocará será:

$$DA=Y=\overline{A}+c\cdot(1\text{-}t)\cdot Y \Rightarrow \Delta Y = \Delta\overline{G}+c\cdot(1\text{-}t)\cdot\Delta Y \Rightarrow$$

$$\Delta Y = \frac{\Delta\overline{G}}{1-c\cdot(1-t)}$$

y vemos que otra vez aparece el multiplicador α.

Efectos de una variación de las transferencias

Si las transferencias aumentan, $\overline{A}=\overline{G}+\overline{C}+\overline{I}+c\cdot\overline{TR}$. Puede pensarse que el efecto será el mismo que con la variación de las compras del sector público. Pero no puede ser el mismo efecto, porque el gasto del Estado va directamente a incrementar el consumo, mientras que parte de las transferencias se ahorrarán. Por lo tanto, partimos de $DA=Y=\overline{A}+c(1\text{-}t)Y$, y llegamos a que:

$$\Delta Y=c\cdot\Delta\overline{TR}+c(1\text{-}t)\Delta Y \Rightarrow \Delta Y = \frac{c}{1-c(1-t)}\Delta\overline{TR}=c\cdot\alpha\cdot\Delta\overline{TR}$$

Y el efecto total será menor que con las compras del Estado.

Efectos de una variación del tipo impositivo

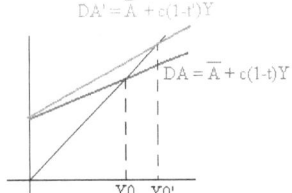

Vamos a pasar de un tipo impositivo t a t' (t'<t). Reduciendo los impuestos se pretende estimular el ahorro. Con esta medida damos a la recta de DA una pendiente mayor.

En el momento en que el sector público baja los impuestos, la gente dispone de un mayor nivel de renta, y parte de ella la gastará y parte la ahorrará. La variación inicial del consumo es -c·Y0·$\square$t=-c·Y0·(t'-t) (será positivo si se reducen los impuestos, y negativo en caso contrario). Si aumenta el consumo, aumentará el gasto, y con él la producción, y entramos en un círculo vicioso.

En el siguiente paso se consumirá c·(1-t')·ΔY0 más, o lo que es lo mismo:

$$\Delta Y0 = -\frac{c}{1-c\cdot(1-t)}\cdot Y0\cdot\Delta t$$

Y se puede ver que hemos vuelto a modificar el multiplicador.

Todo esto se puede complicar mucho más (pero no lo haremos) si tenemos en cuenta el sector exterior, importaciones y exportaciones...

Veamos un ejemplo: tenemos $Y0=100$; $c=80\%$; $t=0.2$; $t'=0.1$.
Con estos datos deducimos que $Y0(t-t')=110$, que es la nueva renta, 10 unidades mayor que antes.

Gastaremos $c\cdot10=8$ más que antes, con lo que $\Delta Y0=28.56$. Esta será la variación de producción, de la que se cobrarán los impuestos: 2.8.

En este ejemplo vemos que en un principio la recaudación de impuestos se reduce en 10 unidades, pero sobre el incremento de la producción también se cobran impuestos, con lo que no se pierden 10 unidades de impuestos, sino sólo 7.2 unidades.

En época de "vacas flacas" se le pide al Estado que haga una de las cosas vistas para mejorar la economía. Y si es época de "vacas gordas", deberá hacer lo contrario.

Pero en la práctica existen problemas: se duda sobre si va a ser todo esto efectivo; se duda sobre el tiempo que tardará el efecto deseado en producirse; y lo más preocupante es que si el Estado actúa demasiado, puede terminar expulsando al sector privado.

La otra cosa que preocupa es el déficit público. Llamamos SP al superávit público (lo que ingresa el Estado menos lo que gasta y menos las transferencias). Si SP es negativo entonces hablamos de déficit público:

$$SP=T-G-TR, \quad \text{si } SP>0; \qquad DP=G+TR-T=\overline{G}+\overline{TR}-t\cdot Y, \quad \text{si } SP<0$$

Para $Y<Y0$ habrá déficit, y para $Y>Y0$ habrá déficit negativo o superávit.

A veces tener un déficit mayor o menor no depende del Estado, ya que no se trata sólo de lo que el Estado gasta, sino de lo que puede ingresar, y eso a veces no de pende del Estado sólo.

Para poder hacer previsiones a veces es necesario crear un escenario económico, que es una previsión de lo que va a suceder en la economía en los próximos años. Esta previsión es necesaria porque los gastos sí que dependen del Estado (los decide él), pero los ingresos no los piensa él ya que no dependen de él, y lo único que puede hacer son previsiones, y no cálculos exactos.

Efectos de una variación simultánea de los impuestos y de las compras

Queremos ver qué es lo que pasa si se reduce el gasto y, a la vez, reducimos los impuestos. Inicialmente supondremos que ambas reducciones son iguales. Sabemos que toda la reducción del gasto repercute directamente en la producción, pero las reducciones de impuestos no. El efecto final será la reducción de la renta, aunque no parezca así. Veámoslo con cantidades: t=0.2; t'=0.1; Y0=100; $\square$G=-10; c=0.8.

El efecto de la reducción impositiva es: $\Delta Y0 = -\dfrac{1}{1-c(1-t)} c \cdot Y0 \cdot \Delta t \Rightarrow \Delta Y0 = 28.56$;

y el efecto de la reducción del gasto es: $\Delta Y0 = c \cdot \Delta G = -35.70$.

La reducción del gasto provoca una disminución de la producción mayor que el aumento que produce la reducción impositiva: Y0'=92.86; $\Delta Y0$=-7.14.

Antes recaudábamos 20, y ahora recaudamos 9.28, lo que significa que ΔT=-10.71. Y con esto: $\Delta SP = \Delta T - \Delta G$=-10.71+10=-0.71, con lo que se reduce el superávit a pesar de que en principio parecía que no se iba a modificar.

Si aumenta el gasto público, aumentará la producción, con él el gasto, y así las recaudaciones. Pero, ¿puede la recaudación compensar el gasto público? La respuesta es que <u>siempre</u> que aumente el gasto, <u>nunca</u> el efecto del aumento de los ingresos va a ser suficiente para compensar el gasto inicial. Vamos a ver esto:

$$\Delta SP = \Delta T - \Delta G = t \cdot \Delta Y - \Delta G = t \cdot \alpha \bullet \Delta G - \Delta G = \left(t \cdot \frac{1}{1-c(1-t)} - 1 \right) \cdot \Delta G \Rightarrow \Delta SP = -\frac{(1-c)(1-t)}{1-c(1-t)} \Delta \overline{G}.$$

Si $\Delta \overline{G}$ >0 (aumento del gasto público), ΔSP<0 (aumento del déficit).

10.4. Efectos económicos de la financiación del sector público

La política fiscal tiene otros efectos sobre los agentes económicos. En la práctica ocurren cosas que no ocurren en la teoría:

1) <u>Utilización del déficit como instrumento político</u>: Se puede emplear el déficit dentro de una política de estabilización. Esto es, compensar años de déficit con años de superávit. El problema es si en una economía, el que haya bajos niveles de producción no se debe a que haya poca demanda agregada, sino a otras causas (muchas restricciones, factores de producción caros...). Éstos son problemas por el lado de la oferta. Por lo tanto, si intervienen el Estado favoreciendo la compra, no va a haber mayor producción sino mayor inflación (si se quiere comprar más, habrá más demanda, y por tanto, subida de precios, ya que no se va a producir más).

2) <u>Necesidad de financiar la deuda pública</u>: Si el Estado incurre en déficit, necesita pedir prestado. Esto se hace emitiendo Deuda Pública, que da un cierto interés. Si el Estado quiere esa financiación tendrá que competir en el mercado con el resto de las empresas, con lo que tendrá que ofrecer más que el resto de las empresas. Si esto ocurre, puede producirse el

efecto expulsión (*crowding out*): si todo el ahorro se destina al Estado se expulsa a las empresas de los mercados de capital.

Con el dinero recibido de la Deuda Pública se paga la deuda de otros años, y los intereses. Pero si esto no es suficiente, puede que haya que emplear parte de los impuestos para este fin, con lo que se dejarán de costear otras cosas. Lógicamente, esto no conviene.

Está prohibido monetizar la deuda, esto es, cubrir la deuda haciendo más billetes, porque entonces, el dinero que se emite no sería igual a los bienes que existen en el mercado.

3) Efectos sobre el comportamiento de determinados agentes: Si para financiar la deuda hay que incrementar impuestos, la gente puede preferir no trabajar más (como se ha visto), o irse a otro sitio (escamotear lo que gana). Así que otra posibilidad es financiar a base de los beneficios de las empresas. Esto supone que los beneficios a distribuir disminuyen, con lo que la rentabilidad de los inversores disminuye, y el incentivo también. Por lo tanto, las empresas que no invierten no son competitivas, y se hipoteca el crecimiento futuro.

CAPITULO 11: La financiación de la actividad económica. El dinero y los bancos

11.1 El dinero: funciones, origen y tipología

Hay determinadas personas a las que les "sobra" el dinero, y lo ofrecen. Al mismo tiempo, hay quien demanda ese dinero; y entre ambos surgen los intermediarios financieros.

En las economías de trueque no existía el dinero, por lo que debía haber una coincidencia de necesidades entre ambas partes. Por lo tanto, la especialización se hacía difícil y la producción era limitada.

Las funciones del dinero

Las funciones principales del dinero son las siguientes:
- Medio de cambio: Sirve para hacer transacciones comerciales. Ésta es la función principal.
- Unidad de cuenta: A veces el dinero no tiene por qué existir físicamente. Sirve para llevar la contabilidad.
- Depósito de valor: El dinero actúa como un activo financiero más. Los **activos reales** son aquellos bienes que "se pueden tocar"; y los **activos financieros** son otra forma de mantener la riqueza, a base de bonos, pagarés… El dinero es un activo financiero. La opción de mantener la riqueza en forma de dinero, con la subida de los precios hace perder riqueza, porque el dinero, por sí mismo, no proporciona rentabilidad. Es por ello por lo que los individuos mantienen poco dinero líquido en proporción a todo lo que se tiene.

Los activos financieros tienen tres características a analizar y conjugar:
1) Rentabilidad: Interés que obtiene el poseedor del activo.
2) Liquidez: Facilidad con que el activo se convierte en dinero sin pérdida de valor.
3) Riesgo: Solvencia del que emite ese activo. Normalmente, a mayor riesgo, mayor rentabilidad.

El dinero, por tanto, será un activo financiero altamente líquido, de mínimo riesgo y rentabilidad nula.

Definiremos **dinero** como cualquier medio de cambio, generalmente aceptado, que además sirve como depósito de valor y unidad de cuenta.

Tipos de dinero: el dinero en la historia

El dinero ha cambiado con el tiempo. Se empezaron usando como dinero bienes con un valor en sí mismo (animales, comida, enseres…). Esta primera manifestación del dinero fue el **dinero mercancía**, es decir, dinero con un valor en sí mismo.

Para que una mercancía sea considerada como dinero debe ser:
- Duradera.
- Transportable: que tenga alto valor en relación a su peso.
- Divisible: que pueda ser dividida sin que pierda valor.

- Homogénea.
- De oferta limitada.

Estas propiedades las cumplen los metales preciosos, oro y plata especialmente. El inconveniente que tuvieron los metales preciosos son las "trampas" en cuanto a su calidad y cantidad. Por eso aparecieron cambistas, orfebres... lo que suponía mucho "engorro". Para solucionar este problema, el gobernante ponía su sello en las piezas de oro, garantizando así su calidad y cantidad. Pero ahí surge la picaresca, y se empezó a hacer el *limado de las monedas*, que consistía en limar ligeramente los cantos de las monedas. Para evitar esta trampa, se hicieron los bordes rugosos, con estrías, pero surgían más trampas ingeniosas (como la de *sudar las monedas*: se metían en una bolsa y se agitaban; después se metía la bolsa en agua para recuperar el polvo de oro arrancado). Incluso el propio gobernante "truca" las monedas: funde monedas viejas, y las vuelve a hacer añadiendo un metal de menor valor, para que tengan el mismo peso, pero menos oro. Así es como se da comienzo a la inflación. Esto es lo que pasó con el oro traído de América, que dio lugar a un gran proceso inflacionista en muchos lugares de Europa.

Las condiciones anteriores también las cumple el papel, pero el papel, en sí mismo, no tiene un gran valor. Por eso "alguien" (la autoridad competente) tendrá que dar un valor mayor al papel. Por lo tanto, hemos pasado del dinero mercancía al **dinero signo** o **dinero fiduciario**, esto es que ahora el dinero tiene un valor muy escaso como mercancía, pero como moneda de cambio tiene un valor alto. Esto se debe a que la gente tiene fe en que el emisor del dinero va a responder de las monedas o papel emitido, en que la cantidad va a ser limitada, y, especialmente, en que el resto de la gente también lo va a aceptar.

El **dinero de curso legal** es el que el Gobierno ha declarado que se utilice para realizar intercambios, cancelar deudas... Pero el que el dinero sea legal no quiere decir que sea aceptado por la población.

11.2. El dinero en el sistema financiero actual

Para pasar del dinero mercancía al dinero signo se ha seguido un largo proceso. Empezó cuando los orfebres alquilaban lugares seguros donde guardar oro. A cambio de esto se emitía un papel indicando lo guardado; y así es como surgen los **depósitos**. A partir de ahí, se podían hacer recibos para pagar a personas sin necesidad de dar oro, ya que los recibos tenían total liquidez. Y lo que se empezó a considerar es que no todos los recibos tenían por qué estar respaldados por oro, con lo que se empiezan a dar préstamos por encima del valor del oro depositado. Entonces el valor de los recibos no coincidirá con el valor del oro depositado.

En la actualidad, el dinero papel no tiene ningún respaldo en oro o metales preciosos, pero lo aceptamos como dinero por confianza en que el resto de las personas lo aceptarán también.

Ahora hablamos de un **dinero pagaré** y los bancos actuales vienen a ser como los orfebres de la Edad Media: si sumamos todos los saldos de todas las cuentas corrientes de un banco, seguro que suman más que el dinero que hay en el banco. En vez de los antiguos pagarés usamos cheques, pero los cheques no son dinero. En cambio, las tarjetas de crédito sí son dinero, porque se puede comprar aún sin dinero en la cuenta.

Dinero legal y dinero bancario

El **dinero bancario** son todos los activos financieros de determinados intermediarios aceptados como medios de pago. La suma de todos los depósitos será el dinero bancario.

Aquí cabe insertar la frase *"la mala moneda acaba desplazando a la buena moneda en el mercado"*.

La definición empírica de dinero

Definimos Dinero = Efectivo + Depósitos

El problema ahora es saber de qué depósitos estamos hablando. Hasta hace poco se distinguían tres clases de depósitos:

- Depósitos a la vista: Son los que gozan de disponibilidad inmediata (son más o menos lo mismo que una cuenta corriente). Antes era requisito imprescindible poseer una cuenta corriente para tener cheques, tarjetas, domiciliación... Al efectivo más los depósitos a la vista es lo que en economía se llama M_1.
- Depósitos de ahorro: Lo que se gestiona a través de las libretas. Ahora prácticamente son lo mismo una cuenta corriente y un depósito de ahorro. Su disponibilidad no es tan alta como la de los depósitos a la vista. M_1 más los depósitos de ahorro es lo que se llama M_2.
- Depósitos a plazo: Menor liquidez que las anteriores. A M_2 más los depósitos a plazo se le llama M_3.

La cantidad de dinero es a lo que se llama la **oferta monetaria (OM)**.

Los fondos de inversión no están en la M_3, y sí en la OM. Además, no está muy clara la separación entre unos depósitos y otros. M_3 es totalmente líquido y no se pierde dinero.

El cuasi-dinero

Existen otros activos, el **cuasi-dinero**, activos financieros que son prácticamente líquidos al 100%: letras del tesoro a corto plazo... No es un depósito, pero es dinero. Incluso hay efectivos con los que se puede perder dinero. Éstos son los activos líquidos en manos del público (ALP), o cuasi dinero. Entonces:

$$M_3 + ALP = M_4$$

Normalmente se asimila OM = M_4.

11.3. Los bancos y la creación de dinero

El dinero lo crean los bancos (¡ojo!, no lo fabrican). Con el dinero que se tiene "en custodia" de muchos individuos, se dan préstamos a otros individuos. Y cada vez se cobrará menos a quienes dan a guardar el dinero (es igual que en tiempo de los orfebres).

Los bancos siguen un **sistema de reservas**: el banco no tiene todo el dinero que figura en las cartillas. Los bancos sólo guardan una pequeña proporción de todos los depósitos que tiene la entidad (10 al 20%). La relación entre las reservas (cantidad guardada) y los depósitos es el **coeficiente de reservas**, **encaje** o **coeficiente de caja** = Reservas / Depósitos.
El coeficiente de caja está integrado por:
* Cantidad de dinero que los bancos guardan en el Banco de España. Por ley, para salvaguardar los intereses de los individuos, hay que guardar en el Banco de España el 2% de todos los depósitos.
* Cantidad guardada en las cajas de los bancos. Esta cantidad la decide el propio banco, según su experiencia y las fechas de que se trate. El banco intentará tener el menor dinero posible en reserva, ya que no le produce intereses, sin dejar de tener para dar a los usuarios.

Por lo tanto, vemos que los bancos actuales siguen un sistema de reservas. Pero, ¿las reservas de los bancos, estén donde estén, forman parte del dinero de un país? Cuentan, pero ya están contabilizadas como inversiones y depósitos, así que no las podremos contar dos veces.

El funcionamiento de los bancos

Los bancos siguen el esquema de cualquier empresa de ingresos y gastos:
* Ingresos: comisiones por las operaciones que realizan.
* Gastos por los intereses que pagan, gastos de personal y mantenimiento...

La actividad bancaria es una actividad muy arriesgada. Se debe saber compensar la cantidad en reserva con la cantidad que se está empleando en producir intereses. La búsqueda de beneficios altos es sencilla y arriesgada al mismo tiempo: consiste en dejar poca reserva y dar préstamos a alto interés. Se cobrará un alto interés a los préstamos con más riesgo, por lo tanto con menos solvencia y más riesgo de no recuperar el dinero.
Los bancos tienen en cuenta tres cosas de los depósitos:
* Liquidez.
* Rentabilidad: búsqueda de intereses para pagar a los accionistas.
* Solvencia: que se obtengan más ganancias que deudas.

Los bancos y la creación de dinero bancario

Veamos lo que pasa cuando aparecen 1000 nuevas unidades monetarias, y los bancos deben dejar unas reservas totales del 20%:

Bancos	Nuevos depósitos	Nuevos préstamos	Nuevas reservas (20%)
1º	1000	800	200
2º	800	640	160
3º	640	512	128
4º	512	410	102
5º	410	328	82
Suma de los 5 1º's bancos	3362	2690	672
...	...	...	...
Resultado final	5000	4000	1000

Este proceso terminará cuando ningún banco en el sistema tenga reservas por encima del 20%. Es decir, cuando el 20% de los nuevos depósitos sea exactamente igual a las nuevas reservas.

Los nuevos depósitos forman una progresión geométrica de razón 0.8:

$$\text{Nuevos depósitos} = 1.000 \cdot (1 + 0.8 + 0.8^2 + 0.8^3 + ...)$$
$$\Rightarrow \text{Nuevos depósitos} = 1000 \frac{1}{1 - 0.8} = 5000, \text{ en este caso.}$$

Al factor 1/0.2 se le llama el **multiplicador del dinero bancario** y es igual a 1/(coeficiente de reserva).

En conclusión, si en el sistema aparece una nueva cantidad monetaria, lo normal es que la OM total crezca más de lo que aumentó la cantidad monetaria.

Aquí estamos suponiendo que los individuos no tienen efectivo en el bolsillo. Si sucede lo contrario, disminuirá el total de los nuevos depósitos.

En épocas de crisis, los bancos son reacios a prestar dinero, lo que puede agravar el efecto de la crisis porque entramos en un círculo vicioso, y es ahí donde debe intervenir el Banco Central.

11.4. La financiación de la economía y los intermediarios financieros

Un **sistema financiero** son instituciones que intermedian entre oferentes y demandantes de recursos financieros (bancos, financieras...). El esquema de esto es bastante simple:

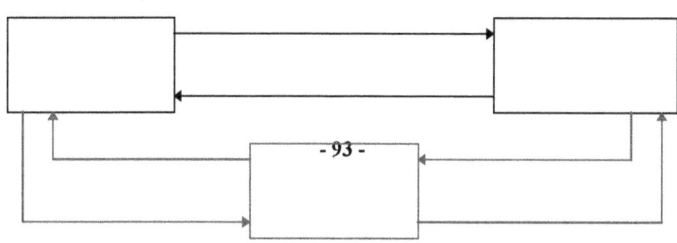

Partimos de las flechas y los cuadros negros. El problema es saber si es adecuado, y cuánto, dejar dinero a alguien (desconocemos su solvencia, capacidad de ahorro...). De ahí la necesidad de intermediarios financieros, y ya incluimos la parte en azul. De esta forma los prestamistas no obtienen todos los intereses que podrían obtener prestando directamente, sino alguno menos, pero obtienen seguridad, gestión, etc., que da el intermediario.

Un banco, para maximizar beneficios, intenta que la oferta económica crezca o disminuya según la situación. El Banco Central intermedia para que la oferta monetaria sea la adecuada.

CAPITULO 12: Los instrumentos de la política monetaria

12.1. El Banco de España. Funciones

Todo país tiene un banco central, y en nuestro caso se trata del Banco de España. Algunas de las características del Banco de España son:

- No puede tener descubiertos del Tesoro Público: no puede tener "números rojos" en su cuenta, ni siquiera de forma transitoria.
- No puede adquirir directamente al Tesoro valores emitidos por éste (Deuda Pública), aunque sí pude comprar en mercados secundarios.
- No está sometido a instrucciones del Gobierno en materia de política económica.
- Su función fundamental es que debe controlar la inflación (marcada por la política del BCE). Si los tipos de interés disminuyen, es una señal de que la inflación está más o menos controlada.
- Es el administrador y custodio de las reservas oficiales de oro y divisas del país (divisas no es lo mismo que monedas y billetes).
- Es el banco del Estado: hace operaciones de cobro y pago para el Estado.
- Suministra el dinero legal (esto es, emite el dinero).
- Es el responsable último de la política monetaria.

12.2. Base monetaria y oferta monetaria

Recordemos que OM = EMP + Dep. (EMP es el efectivo en manos del público). Esto es lo mismo que decir que:

Base Monetaria = Suma total del efectivo (EMP + efectivo de los bancos; o billetes y monedas) + depósitos de los bancos en el Banco de España

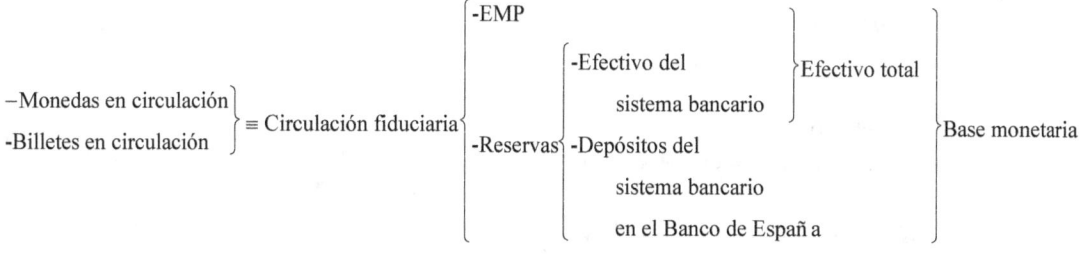

Factores de creación de la base monetaria

- Superávit de la balanza de pagos: las exportaciones mayores que las importaciones.
- Si el Banco Central compra Deuda Pública en el mercado: así circula más dinero, y se retira la deuda.
- Si el Banco Central aumenta el crédito a los bancos.
- Monetizar el déficit, pero esto está "prohibido".

Y para reducir la base monetaria se hace justo lo contrario. De estos factores hay algunos que puede controlar el B.E., y otros que no: éstos son los <u>factores autónomos</u> (como el saldo de la balanza con el exterior).

Relación entre la base y la oferta monetaria: el multiplicador del dinero

Haremos dos hipótesis de partida:
- Las personas mantienen una proporción fija de su dinero en efectivo: $\dfrac{EMP}{Dpts} = e \equiv cte$.

- Los bancos explotan lo máximo que pueden sus posibilidades de concesión de créditos:

$\dfrac{Re\,servas}{Dpts.} = l \equiv cte$ (será lo máximo posible)

Entonces:

$$BM = EMP + R \Rightarrow \frac{OM}{BM} = \frac{EMP + D}{EMP + R} \Rightarrow OM = \frac{EMP + D}{EMP + R} \cdot BM \Rightarrow OM = \frac{\frac{EMP}{D} + 1}{\frac{EMP}{D} + \frac{R}{D}} \cdot BM \Rightarrow$$

$$\Rightarrow OM = \frac{e+1}{e+l} \cdot BM, \qquad \frac{e+1}{e+l} > 1.$$

Si no se guarda efectivo, entonces e = 0, con lo que OM = BM / l (ésta es la expresión del CAPITULO anterior: el multiplicador del dinero bancario).

- Si aumenta e, disminuye la OM.
- Si aumento l, disminuyo OM en relación a BM.

De lo que se trata es de controlar la OM.

$e = \dfrac{EMP}{D}$: por lo tanto, si Y aumenta, e disminuye. Y si i_d (interés de los depósitos) aumenta, e también disminuye, porque la gente prefiere tener dinero en el banco, ya que le produce más intereses.

En cuanto al coeficiente de reservas, $l = \dfrac{R}{D} = l_c + l_e$, donde l_c es el coeficiente legal de caja (lo que tiene obligación de mantener en el Banco de España), y l_e es el coeficiente excedentario (lo que tiene "debajo del mostrador"; es una cantidad voluntaria).

l_e depende del interés interbancario i_i: si aumenta, l_e también aumenta, y con él aumenta l. También depende del interés de los activos fijos i_a: si aumentan, l_e disminuirá, y con él también l.

12.3. Control de la oferta monetaria

El encargado de controlar la OM es el Banco Central. Dispone de tres mecanismos principales por lo que puede intervenir para ese control:

La manipulación de los coeficientes legales

Para influir en la OM, el Banco Central puede aumentar o disminuir la proporción de depósitos de los bancos en el Banco Central. Si aumenta el coeficiente, habrá menos dinero para prestar, por lo que disminuye la OM. Esta manipulación no es frecuente, puesto que el sector bancario necesita estabilidad.

El coeficiente de caja se paga cada 10 días, porque pagarlo cada día sería un poco absurdo (demasiados movimientos).

Las operaciones de mercado abierto

Esto y los CEBES pretenden modificar la base monetaria (e). Las operaciones de mercado abierto (operaciones *open-market*) son la compra y la venta de títulos públicos en el mercado por parte del Banco Central. Por ejemplo, comprando Letras del Tesoro a los bancos que las tengan consiguen que el banco aumente sus reservas, con lo que podrá hacer más inversiones: aumenta BM, con lo que también aumentará la OM. Y se seguirá el proceso inverso si lo que se quiere es reducir la OM.

Los certificados del Banco de España y los préstamos de regulación monetaria

Los CEBES son los certificados del Banco de España. En una de las bajadas del coeficiente de caja, se obligó a los bancos a comprar los CEBES (títulos remunerados). La idea de esto era que cada cierto número de días se subasten CEBES. Cuando un banco necesita dinero, vende sus CEBES al Banco de España con compromiso de recompra (el Banco de España volverá a vender los CEBES al banco). Por los CEBES el banco percibe un interés del 6%, y cuando los vende, además de dejar de percibir ese 6%, tiene él que pagar intereses.

Cuando se quiere aumentar la OM se sacan a subasta CEBES.

El interés que paga el banco porque el Banco de España le compre los CEBES es variable, y dependerá de la necesidad de dinero que se tenga.

Éstas son compraventas a 10 días.

12.4. El mercado monetario

La demanda monetaria es la proporción de riqueza que los individuos quieren mantener en forma de dinero. La demanda de dinero depende de:

I) <u>Volumen de transacciones</u>: Está directamente relacionado con la renta: a mayor renta, mayor volumen de transacciones.

a) Demanda de transacciones: gastos previstos.

b) Demanda de precaución: siempre se tiene más de lo que se prevé que se va a necesitar.

La demanda de dinero es una demanda real (demanda de saldos reales):

$$\text{Saldos reales} = \frac{\text{saldos nominales}}{(\text{nivel de precios}) \cdot 100}$$. Así tenemos en cuenta el poder adquisitivo.

II) <u>Tipo de interés corriente</u>: A mayor interés corriente (esto es, interés al que se remuneran los ahorros), menor demanda de dinero (M_d).

III) <u>Tipo de interés esperado</u>: M_d también depende de cómo se espera que evolucionen los tipos de interés: si éstos aumentan, aumenta la demanda de dinero.

Lo que se está "comprando" y "vendiendo" son saldos reales, a un precio igual al "interés". Es exactamente igual que con cualquier otra cosa:

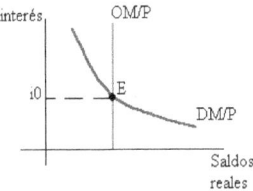

OM/P es constante, y lo establece así el Banco de España.
i0 es el tipo de interés de equilibrio.

12.5. La política monetaria

El Banco Central puede alterar este equilibrio: puede modificar la cantidad o el tipo de interés:

Las políticas expansivas fomentan mejores condiciones crediticias a los bancos, menores coeficientes de cajas..., es decir, inyectar dinero a través de los bancos. Por lo tanto desplazan la oferta monetaria a la derecha, y disminuyen el tipo de interés.

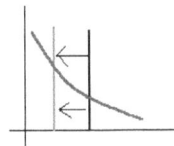

Una política económica restrictiva intenta que haya menos dinero en el sistema: vende deuda, menos subasta de dinero, coeficientes de caja mayores... Todo esto lleva a subir el tipo de interés.

Por ejemplo, si el Banco Central quiere controlar la inflación tendrá que frenar la economía. Seguirá cinco etapas:

1) Reducirá las reservas bancarias vendiendo deuda pública: habrá menos dinero circulando.
2) Los bancos ofrecerán menos créditos; peores condiciones de concesión de créditos, con lo que se reduce la oferta monetaria.
3) Subirán los tipos de interés.
4) Se reducirán los gastos sensibles a los tipos de interés (inversiones, consumo...); como la inversión y el consumo disminuyen, se reduce la demanda agregada.
5) El PIB disminuirá, y los precios disminuyen.

Si la renta de los individuos crece (a igualdad del resto de las condiciones), habrá mayores intereses.

Algunas notas sobre esto:

- Si los intereses aumentan, la carga financiera del Estado (intereses por Deuda y Bonos) aumenta también. Por lo tanto se recortará la capacidad de actuación para el futuro.
- La mayor parte de los impuestos vienen de la clase media, y la mayor parte de la Deuda la compran las clases altas. Esto supone una redistribución inversa de la renta.
- Con intereses más altos que en otros países, habrá una entrada de inversiones extranjeras, y con ello un efecto no controlado de la base monetaria, pero superávit de la balanza de pagos. Esto bajará el tipo de cambio, con lo que bajarán las exportaciones, y aumentarán las exportaciones.
- El que los intereses aumenten mucho perjudica a las inversiones.

CAPITULO 13: El sector exterior y los tipos de cambio

Las relaciones internacionales cada vez tienen más importancia. Los problemas serían mínimos si todos los países tuvieran la misma moneda. Esto lleva al concepto de **tipo de cambio**: es la relación de una moneda por otra, o lo que es lo mismo, número de unidades de la moneda nacional que hay que pagar a cambio de una unidad de moneda extranjera:

$$t_c = \frac{n^\circ \text{ Euros}}{1\,\$}$$, para el cambio de Euros por dólares.

Esta cotización se obtiene todos los días, y en realidad es un precio.

Las variaciones del precio de una moneda es lo que se conoce como **apreciaciones y depreciaciones de la moneda** (y se habla de que **el tipo de cambio se revalúa o se devalúa**).

- Si el tipo de cambio disminuye (menos euros por cada dólar), se produce una revaluación del tipo de cambio; es una apreciación de la moneda nacional. Esto significa que el precio de las importaciones es menor (los productos extranjeros son más baratos), y esto significa que las importaciones aumentarán. Las exportaciones son más caras y disminuirán.
- Si el tipo de cambio aumenta (más euros por cada dólar), se produce una devaluación del tipo de cambio, o una depreciación de la moneda nacional. Los productos extranjeros serán más caros (disminuirán las importaciones), y aumentan las exportaciones porque son más baratas.

El mercado de divisas

El mercado de divisas funciona igual que cualquier otro mercado.

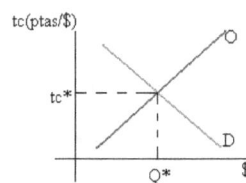

Oferta: Los $ los sacan al mercado los exportadores, los turistas extranjeros, las remesas de emigrantes, inversores extranjeros...
Demanda: Demandarán $ los turistas que van al extranjero, los importadores, inversores en el extranjero...

La oferta y la demanda definen un tipo de cambio. Este tc* cambia. Si se produce un incremento de las exportaciones, del turismo, de las inversiones extranjeras; entonces la curva de la oferta se desplazará hacia la derecha, con lo que bajan los precios y tenemos un nuevo tc* más pequeño, y aumenta Q*.

Si, por contra, aumentan las importaciones, el turismo al extranjeros, las inversiones en el extranjero; ocurre lo contrario, y aumenta tc*, disminuye Q*, y la curva de demanda se desplaza hacia la derecha.

Actualmente en Europa se deja que los tipos de cambio varíen libremente dentro de un margen. Si se sobrepasa, el Banco Central del país toma medidas: para evitar que la demanda crezca en exceso, saca al mercado su propia moneda extranjera (la que tenía guardada), y así mueve la oferta a la derecha para contrarrestar. Si no quiere que la demanda caiga en exceso, empieza a comprar moneda extranjera (sube la demanda).

Existe una relación entre la inflación y los tipos de cambio. Si un país tiene una elevada inflación:

- Los precios de los productos nacionales cada vez son más altos que los precios de los productos extranjeros.
- Aumentan las importaciones y disminuyen las exportaciones, con lo que el tipo de cambio aumenta.

www.ingramcontent.com/pod-product-compliance
Lightning Source LLC
Chambersburg PA
CBHW080825180526
45168CB00006B/2576